日本仏教史研究叢書

近世宗教世界における普遍と特殊

真宗信仰を素材として

引野亨輔

法藏館

近世宗教世界における普遍と特殊——真宗信仰を素材として——＊目次

近世宗教世界における普遍と特殊

――真宗信仰を素材として――

序　章　辻善之助・近世仏教堕落論とその後の真宗史研究

第一節　研究史の整理

近世宗教史研究を進める上で、それを肯定するにせよ否定するにせよ、無視して通ることのできない存在が、辻善之助氏の近世仏教堕落論である(1)。同氏は、仏教が権力から相対的に自立性を保ち得ていた中世を経て、近世に至ると幕藩権力の下で完全にその自立性を失ったと主張する。すなわち、江戸幕府の強制によって成立した本末制度の下、近世の諸寺院は例外なく各宗派の本山・本寺に従属させられた。これにより、寺院・僧侶は自由な活動を阻害され、本山・本寺を介した幕府の宗教統制は、徹底的な威力を発揮した。同時に幕府は、宗旨人別帳の作成を理由に寺請制度を整備したため、原則としてすべての人々は、特定の檀那寺に檀家として把握されることとなった。こうしてできあがった近世的檀家制度は、権力の強制に基づく固定的なものだったから、近世人の仏教信仰は、しだいに形骸化していった。つまり、国家権力の統制によって、近世仏教は衰退の一途をたどり、教学面での発展も信仰面での高揚もほとんどみられなかったというのが、辻氏の提示した枠組みである。このような堕落論的理解は、後に藤井学「江戸幕府の宗教統制」(2)や圭室文雄『江戸幕府の宗教統制』(3)によってさらなる体系化がなされ、近世仏教を評価する際の基本型になっていった[4]。

以上のごとく、辻氏の近世仏教堕落論は強固な影響力を有するものだったから、以後の研究もこの前史に規定されつつ進展していった。典型的な事例を確認すべく、以下ではいくつかの近世真宗史研究を取り上げてみたい。

例えば児玉識『近世真宗の展開過程』[5]は、堕落論打破を強く標榜した真宗史研究のパイオニア的存在に当たるが、冒頭において次のような問いを掲げる。「強固な権力の掌中にありながら、民衆を基盤とする真宗に限り、ある程度の特異性を他宗以上に維持し得たのは何故か」。この問いかけには、児玉氏の問題意識が集約的に表現されている。つまり、堕落論的理解を覆すため、同氏は、例外的に旺盛な真宗信仰に注目したわけである。そして、このような研究姿勢に基づき、同書では、真宗ならではの特異な信仰実態が、豊富な史料収集に裏付けられつつ列挙されていく。例えば、「弥陀一向」の教義を貫く真宗門徒は、多神教的な日本の宗教風土に反して、阿弥陀仏以外の神仏崇拝に否定的態度を取り得たとされる。また、呪術・迷信にとらわれない真宗門徒は、死者の供養を徹底して簡素化し、時に墓を造らない場合さえあったとされる。以上、児玉氏は真宗の「特殊性」に着目することで、堕落した近世仏教というイメージの克服に努めたのだが、本章では、こうした研究を真宗＝特殊論と名付け、その意義を検討してみたい[6]。

真宗信仰を「特殊」な存在と捉え、そこに立脚して自説を展開する傾向は、児玉氏のみならず、以後の近世真宗史研究者にも引き継がれていった。その代表例として、奈倉哲三『真宗信仰の思想史的研究』[7]を挙げることができる。すなわち同書には、以下のような主張がみられる。

真宗とその門徒を他ととりわけ違うものとみる観察に注目し、それを、思想史一般（より広く言えば「日本文化」一般）のなかに投入し、位置づけなおしてみることは、民衆思想史研究あるいは「日本文化」研究にとって、欠くことのできない課題であったと言わなければならない。

奈倉氏の問題意識に、児玉氏と酷似した真宗＝特殊論的な立場を読み取ることは容易であろう。こうして同書でもまた、仏教堕落期には異例な真宗信仰の有り様が、生き生きと描き出される。奈倉氏に特徴的なのは、様々な民衆運動に身を投じた門徒たちの行動様式に目を向けるところなので、以下では、三業惑乱・廃仏毀釈それぞれの事件を取り上げつつ、同氏の研究をまとめておきたい。まず三業惑乱であるが、これは教団史的に述べると、三業帰命説という自力偏向の学説が、他力本願たる真宗の中で勢力を伸ばしたため、やがて異安心（キリスト教でいう異端派）として処分された事件である。しかし同氏によれば、三業帰命説とは強烈な往生願望に基づき阿弥陀仏へ主体的に働きかける新たな信仰のかたちであった。そこで、三業帰命説に固執し、本山の権威に立ち向かった真宗門徒たちは、「真宗的思考という枠の中で、近代へのほとんど入口に立つ人々であった」とさえ再評価される。また、明治新政府が断行した廃仏毀釈に際しても、やはり三業帰命派の真宗寺院・門徒が中心となって、ある神社に安置されていた阿弥陀如来像の焼却を阻止した。国家権力に対抗するこのような宗教的実践も、同氏によれば、三業帰命説による主体性の確立に支えられていたと結論される。

児玉・奈倉両氏の研究傾向を受け継ぐように、真宗＝特殊論的な観点で著されたのが、有元正雄『真宗の宗教社会史』[10]である。有元氏は、プロテスタントの禁欲的エートスが近代資本主義の形成に重要な役割を担ったとするM・ウェーバー『プロテスタンティズムの倫理と資本主義の精神』に示唆を受け、日本でも真宗信仰に基づき固有のエートスが形成されたことを主張する。同氏によれば、近世真宗門徒は殺生を厳しく忌諱する倫理観念を有したため、真宗篤信地帯で堕胎・間引きは行われず、概して人口の増加がみられた。真宗門徒はまた、正直・勤勉・節倹・忍耐といった職業倫理も身に着けていたため、過剰人口は出稼ぎや移民へと展開し、ここに信仰に基づく経済活動が盛んに生み出されたという。以上のような道筋を描き出すことで、同氏は、真宗門徒の独特なエートスが「近代化への精神基盤」になったと結論する。有元氏の提唱する宗教社会史は、方法論的にも斬新で、近世宗教史研究に強いインパクトを与えたものである。ただその一方で、近世真宗史の流れの中に位置付けるなら、先行する真宗＝特殊論の性格を忠実に継承し、仏教堕落期に例外的な真宗信仰の「特殊性」を論じた研究とも捉えられる(11)。

第二節　課題の設定

さて前節で確認したように、日本近世の宗教史は、辻善之助・近世仏教堕落論という前史に強く規定されつつ展開した。それゆえ、堕落論的理解の克服を目指す辻氏以降の研究は、典型的には真宗＝特殊論というかたちを取るに至った。もちろん、仏教堕落期という理解の下で、ほとんど考察対象になることさえなかった近世人の信仰心を、真宗＝特殊論が主導的に掘り起こしていった功績は、評価して余りある。今やその成果により、近世仏教を通り一遍な「堕落」や「形骸化」という言葉で表現することは、不可能になったといってよい。

しかし、堕落した近世宗教世界から「特殊」な真宗を拾い上げていくこれらの研究が、結果的に、仏教他宗派や神道・民間信仰について堕落論を容認することとなり、多様な宗教要素に対する考察の道を閉ざしている側面も否定できない[12]。真宗＝特殊論という方法で、はたして近世宗教世界の中に、真宗信仰を正しく位置付けることは可能だろうか。

翻って昨今の近世宗教史研究をみると、高埜利彦『近世日本の国家権力と宗教』[13]を火付け役として、諸宗教者を全国横断的に組織化した本山・本所機構への関心が高まっている[14]。こうした研究は、仏教諸本山や神道本所などを、幕府が完全掌握した宗教統制の道具とみなさず、むしろ幕府から宗教者支配権を分与された存在と捉え直す点に特徴があった。そのため、堕落論的理解を比較的容易に乗り越え、本山・本所の自立的な宗教活動について描き出すことが可能となった。同時に、編成される側の諸宗教者についても、身分的周縁論という観点から分析が進み、集団化やステイタス向上の具体相が解明されつつある[15]。ちなみに、本山・本所論も身分的周縁論も、かつて手薄であった神道・修験・陰陽道などを中心的な考察対象としたから、この分野に関する研究は劇的な進展をみせ、多彩な宗教性を帯びる近世社会の実相は、もはや自明のものとなった。つまり、仏教史以外の分野に目を移せば、堕落した近世宗教世界という枠組みは急速に改められつつあるわけで、真宗＝特殊論の立場に固執していたのでは、ひとり仏教史のみがこの潮流から取り残されてしまうのではないだろうか。

また仏教史サイドからも、大桑斉氏のように、真宗＝特殊論という枠組みによらず、近世仏教のイメージを問い直す研究者は登場している。同氏はすでに一九七〇年代後半には、檀家制度が家の一般的成立を受け、仏教教団側の積極的な営為により確立したことを指摘し、仏教堕落の元凶という通説的な檀家制度理解の見直しを図った。[16]さらに近年では、近世を「仏教的世界」と捉えることで、近世宗教世界の大胆な書き替えを進めている。[17]しかし、仏教史が真宗＝特殊論の影響下にある限り、宗教史全体の活性化を図る同氏の提言に、建設的な応答は困難だろう。

付言しておくと、筆者は真宗＝特殊論に批判的な立場を取っているが、児玉・奈倉両氏が丹念に掘り起こした真宗門徒の独特な習俗や、児玉・有元両氏が指摘した庶民教化に秀でる真宗講中の機能など、その特徴的な性格を全否定するつもりは毛頭ない。むしろ、仏教他宗派や神道・民間信仰などとの比較の中で、真宗信仰の独特な様相が明らかになるのは、たいへん意義深い成果だと考えている。ただし問題は、真宗のみを考察対象としつつ、その「特殊性」を見出していく真宗＝特殊論が、トートロジー（同義反復）に陥っている点なのである。この点については、澤博勝『近世の宗教組織と地域社会』[18]が、奈倉・有元両氏の研究を「真宗先にありき」論と名付けて批判しており、参考となる。同氏によれば、奈倉・有元両氏の研究は、一見緻密な実証を重ねているようだが、真宗門徒は特殊であるという通説化した観念を前提にするため、社会構造分析を欠いたまま一足飛びに結論が導き出されるという。たしかに、有元氏が新著『近世日本の宗教社会史』[19]の中で、近世民衆の主体形成を探るため、特徴的な三つの地帯として東日本・西日本とともに「真宗篤信地帯」を挙げる時、あまりに自明な真宗＝特殊という分析軸に違和感を抱いてしまうのは、筆者だけではあるまい。ここに、特殊な真宗であるから特殊な事例が見出せるという、一種のトートロジーを確認することは容易である。

ところで、真宗＝特殊論が切り札のように持ち出すその「特殊性」とは、どこに根拠を求め得るものなのだろうか。戦国期に華々しく一向一揆を戦った中世真宗のイメージも、その延長たる近世真宗が「特殊性」を示す根拠とされているようだが、それ以上に重視されているのは、やはり真宗信仰の原点とされる親鸞教義のほうであろう。

例えば奈倉氏は、「親鸞は弟子一人ももたずさふらふ」という阿弥陀仏への直対的な信心を、「真宗本来（親鸞）の救済のあり方」と理解した上で、本山・法主を経由する近世的な信心を、歪曲したものと評価する。だからこそ、既述の三業帰命説に固執する人々は、その能動性によって阿弥陀仏への直対的な信心を手に入れ、本山・法主や国家権力への抵抗姿勢も貫けたというわけである。真宗の「特殊性」をいう奈倉氏の主張が、最終的に親鸞教義の「特殊性」へと集約されることは明らかだろう。

同様の論法は、有元氏においても確認できる。同氏によれば、「親鸞教」とは人間存在を悪と捉え阿弥陀仏の絶対的な救済を求めるものだが、それは近世的な変質を経て世俗的・道徳的な悪を戒める教えになり、正直・勤勉・節倹・忍耐といった真宗門徒独特のエートスを生み出すという。有元氏の場合、注目されるのは本来的な「親鸞教」からの変質過程なのだが、やはり近世真宗の「特殊性」を論じる上で、親鸞教義が根幹とされているのは確かである。

以上のように、真宗＝特殊論におけるその「特殊性」の根拠は、親鸞教義へと還元されるものだった[20]。しかし奈倉・有元両氏のように、近世真宗の特質を論じる上で、親鸞教義を「始まり」に置くことは妥当だろうか。結論からいうと、筆者はその手法に少なからず違和感を抱いている。以下、梅原猛『誤解された歎異抄』[21]・金龍静『蓮如』[22]という二つの著書に依拠しながら、筆者の見解を述べていきたい。両著は、近世真宗を直接論じたものではないし、専門書というより概説書に位置するものだが、真宗＝特殊論を批判する上で筆者に多くのヒントを与えてくれた書物だからである。

梅原猛『誤解された歎異抄』は、今や最もポピュラーな真宗教義の入門書となっている『歎異抄』が、江戸時代には教団内部を除き、ほとんど知られることのない「秘書」であった事実を指摘し、仏教史研究者というより一般読者に強いインパクトを与えた著書である。梅原氏によれば、「善人なをもて往生をとぐ、いはんや悪人をや」という悪人正機説をはじめ、「親鸞は弟子一人ももたず」「父母の孝養のためにとて、念仏まうしたること、いまださふらはず」など『歎異抄』中の逆説的名句は、心得違いの弟子を戒めるための主張であり、けっして親鸞思想の中核ではなかったという。それゆえ、近世真宗教団が『歎異抄』を喧伝することはなく、門徒もその存在に触れる機会はほとんどなかったわけである。しかし、新たな布教方法を必要とした明治以降の真宗教団が、近代的な世界観によって盛んに『歎異抄』を再解釈したため、上記のような名句は初めて親鸞の革新的思想と捉えられ、広く知れ渡っていったとされる。

梅原氏の指摘の中で筆者が注目したいのは、近代的な価値観の積み重なった果てに、現在の親鸞イメージが存在するという事実である。そこに注意を払うならば、無批判に親鸞の革新性に依拠し、近世真宗信仰の「特殊性」を導き出すことには、禁欲的であらねばならない。そして、歴史研究という手法を取る限り、本当に検討を要するのは、近世という時代に固有な真宗信仰の存立基盤なのである。

さて、梅原猛『誤解された歎異抄』が問題にしたのは、近代的価値観の付与により変質した親鸞イメージであるが、はるかに時代を遡り、すでに中世真宗が「宗祖」親鸞という概念を新しく創出していることに着目したのは、金龍静『蓮如』である。金龍氏によれば、中世真宗の門徒結合原理は、

「宗派」ではなく「門流」であったとされる。門流結合とは、各地に並立する善知識（師匠）の個人的カリスマを頼りとして、門弟たちが恣意的に集合している状態を指す。それゆえ中世段階の真宗は、諸門流ごとに崇める「宗祖」さえまちまちであったという。そして、おそらく真宗のみならず中世仏教がすべからく抱えていた門流結合の不安定性を、他に先んじて克服したのが、同氏の取り上げる蓮如である。すなわち蓮如は、個々の善知識ではなく本願寺の下付する「本尊」へと門徒の信仰を結集し、また宗祖観がいまだ曖昧な状況下で「宗祖」親鸞のイメージを強烈に打ち出した。つまり、本来普遍的でなかった唯一の「本尊・宗祖」という概念を創出し、それによって初めて真宗に宗派としてのまとまりをもたらしたのが蓮如の真価というわけである。

「宗祖」親鸞という現代人にとって当たり前の概念すら、実は蓮如の段階でようやく登場したとする金龍氏の指摘は、現在の親鸞イメージが多くの近代的価値観によって装飾されているとする梅原氏の指摘同様、筆者にとって有用なものである。繰り返しになるが、上記のような観点により、親鸞思想に依拠して近世真宗の「特殊性」を語る真宗＝特殊論に、再考を促せるだろう。また、蓮如から始まり近世に至る漸進的な宗派意識の高まりに注目する金龍氏の視点は、近代に起こった親鸞イメージの集中的創出をいう梅原氏以上に、示唆に富むものである。親鸞思想がではなく、あくまで近世真宗がなぜ独特な性格を帯びるに至ったかを考察する時、宗派の誕生という視角は、おそらく問題解明への重要な糸口となるだろう。

さて本節では、真宗＝特殊論の方法的な欠点について縷々述べてきたが、簡略にまとめ直すとおおよそ以下のようになるだろう。

まずそれが、真宗の「特殊性」に依拠するあまり、他の宗教要素を分析対象として軽視する結果に繋がり、近世宗教世界の全体像に迫り得ていない点。この点については、仏教他宗派や神道・民間信仰との相互連関も視野に入れつつ、複合的な考察を進める必要がある。

次にそれが、特殊な真宗であるから特殊な事例を見出せるというトートロジーに陥っている点。この点については、真宗の「特殊性」をあまり所与の前提とはせず、むしろ近世固有の歴史的背景や対象地域独自の社会構造へと注目点を移行させる必要がある。

最後に、近世真宗の「特殊性」の論拠として、安易に親鸞教義の革新性が持ち出される点。この点については、近世こそ「宗祖」親鸞の地位がようやく確定し、宗派意識が徐々に明確化した時代であるという想定の下、その過程の解明に努めなければならない。

第三節　本書の方法と構成

さて前節で行った課題設定により、筆者の目指すところはほぼ明らかとなった。これまでの近世真宗史研究は、近世仏教堕落論に強く規定されるあまり、真宗門徒の旺盛な信仰心を「特殊」な事例と捉えすぎてきた。しかし、堕落論的な本末制度・檀家制度理解が解体されつつある現在、早急に従来の真宗＝特殊観を検討し直し、近世宗教世界の全体像の中に再置する必要がある。そこで本書では、以下のような方法論・構成に基づいて考察を進める。

まず第一章「近世真宗における神道批判の論理」と第二章「近世真宗における神祇不拝の実態」で

は、真宗＝特殊というイメージを徹底的に保留した上で、むしろ近世固有の歴史的背景や地域社会構造に基づき、真宗信仰の実態把握に努めた。あまりに単純な方法論にもみえるが、これまでの先行研究が真宗信仰を特殊視しすぎたことからすれば、こうした分析手法も十分有効性を持つものと考える。

例えば第一章では、真宗学僧の手による代表的な神道批判の書を分析した。「弥陀一向」の教義を有する真宗が、他の宗教に排他的な姿勢をみせ、とくに神祇信仰へのあこがれを雑行として厳しく退けることは、「神祇不拝」という言葉でよく知られている。真宗＝特殊論では、当然真宗の神祇不拝を、多神教的な日本の宗教風土の中で例外的な宗教実践と捉えてきたわけである。しかし、実際に真宗学僧の神道批判を分析してみると、『古事記』『日本書紀』などの国史や神書が大量に引用され、しかも国史・神書の叙述にそのまま依拠して自己主張が展開される。排他的とされる彼ら真宗学僧は、いったいどのような意識で大量の国史・神書を読破し、また、なぜそこに全面依拠して自説を述べたのだろうか。本章では、上記のような事例から、真宗学僧の神祇信仰理解を再考した。

第一章では学僧レベルの神祇不拝を再検討したが、第二章では門徒レベルのそれを考察した。近世中期のいくつかの地域で、真宗門徒は「神棚おろし」を実践したとされる。通説的な理解によれば、神棚おろしとは、神頼みの無意味さを自覚した真宗門徒が、宅内の神棚を廃棄する行為であり、彼らの「特殊性」を象徴するかのような事例である。しかし本章では、神棚おろしが排他的な真宗門徒の宗教実践であるという通説を見直し、むしろ神棚の定着という神祇信仰サイドの攻勢に促され発生した可能性を提示してみた。

次に第三章「真宗談義本の出版と近世的宗派意識」と第四章「異安心事件と近世的宗派意識」では、

親鸞以来変わらず「特殊」な真宗という論法を見直し、むしろ宗派意識が明確化する近世に、真宗教団による執拗な独自性アピールが始まる意義を探った。ここで近世的宗派という耳慣れない用語を使用した筆者の意図を補足しておくと、以下の通りである。宗派という言葉が、南都六宗や天台宗・真言宗のように古代から存在することは、改めて指摘するまでもない。しかし南都六宗が現在の学派や学科に近いものだったことはよく知られているし、(23)最澄・空海によって自覚的に立宗された天台宗・真言宗にしても、中世には南都六宗と融合的な秩序を形成して諸宗兼学の顕密体制を生み出すに至る。(24)つまり古代・中世の仏教が、現在イメージされるような組織体として宗派を形成したことはなかったわけである。まして中世の顕密体制下において、異端派にすぎなかった鎌倉新仏教が、(25)宗派を形成し得なかったのは当然であろう。ところが、戦国時代から近世初期にかけて、仏教諸宗では唯一の「宗祖・本尊」といった観念を梃子として、本山を頂点とする強固な宗派組織が徐々に整ってくる。(26)そして、幕藩権力による仏教諸本山への宗教者支配権分与が決定的な契機となり、近世的宗教世界は、宗派間の明瞭な境界線をその特徴として有するに至る。(27)本書では、このように兼学・兼業不可能な仏教諸宗の分立を、近世的宗派の完成と捉えておきたい。そして第三章・第四章のねらいとは、近世が上記のような宗派境界明確化の時期であるとの理解を前提にして、あたかも不変的なもののごとく提示されてきた真宗の「特殊性」が（少なくともその一部が）、時代的な産物だったことを論証する点にある。

例えば第三章は、説教僧のテキストであった談義本が民間書林によって出版された時、いかなる社会変容が生じたかを考察したものである。真宗は成立当初から庶民教化に秀でた存在だったから、平易な語り口で教義を説く談義本も数多く作成された。ところがそれらの談義本の中には、親鸞・覚如・蓮如など歴代の「法主」を作者に仮託した偽書が含まれ、内容的にも神祇信仰への寛容性を有するなど問題点が多かった。そこで、談義本出版が盛行を極めた時期、学僧たちは「聖教目録」を作成し、真宗門徒が読むに相応しい書物の選別を行った。そして多くの談義本は、この聖教目録によって徹底的に偽書であると断罪された。本章では、聖教目録の真偽判断を素材として、神祇信仰への寛容性が切り捨てられ、他宗派に対する独自性が打ち出される近世真宗の動向を探った。

また第四章では、近世真宗最大の異安心事件と呼ばれる三業惑乱について考察した。この事件では、本山学林が提唱する三業帰命説を、在野の「古義派」が、自力偏向の「新義」な教えとして糾弾し、みごと退けることに成功した。しかし本章では、三業帰命説が、当時、必ずしも「新義」な教えと認識されていなかった実情を論証し、むしろ「古義派」において徹底的な自力排除という新たな価値観が創出される側面を指摘した。この事件で「古義派」が用いた〝親鸞に還れ〟というスローガンは、近代真宗においても頻用されるものだが、本章では、それが結果として新規な価値観を生み出し、近世的宗派意識を高揚させる効果に注目した。

最後に第五章「近世真宗門徒の日常と神祇信仰」では、第一章から第四章で進めた真宗＝特殊観の相対化を前提として、真宗が近世宗教世界の中で諸宗教とどのような関係性を構築していたのかを考察してみた。具体的にいうと、尾藤正英氏の「国民的宗教」論（近世人は個々の死後往生を仏教によって保証され、村の現実生活における幸福を神祇信仰によって保証され、全体としてみれば一つの「国民的宗教」を信仰していたという主張）(28)が、多様な地域社会すべてに適用可能な枠組みでないことを指摘し、若干の修正を試みた。なるほど尾藤氏も主張するように、近世仏教が主に個々人の死後往生を保証していたのは確かだが、真宗のように講中組織の機能によって村落共同体の生活を全般にわたり規定するケースも存在したし、そこから仏教と神祇信仰が調和より競合の関係へ進む可能性は十分あった。もっとも、真宗信仰にしても、農耕儀礼の代替はできなかったから、鎮守社での村落祭祀は門徒たちも歓迎した。以上のような事例から、本章では、近世人が宗教に何を求め、また真宗という一宗教要素がそれにどこまで応え得たのかを探った。

註

（1）辻善之助『日本仏教史』近世篇一～四（岩波書店、一九五二～五五年）。
（2）藤井学「江戸幕府の宗教統制」（『岩波講座日本歴史』近世三、岩波書店、一九六三年）。
（3）圭室文雄『江戸幕府の宗教統制』（評論社、一九七一年）。
（4）もっとも、あらかじめ断っておくと、「堕落」という言葉自体はきわめて主観的なものであり、実は「堕落」していなかった、やはり「堕落」といわざるを得ないという議論の末に、研究の新段階が訪れるとは考えていない。むしろ、本書のねらいは、辻氏が「堕落」と捉えた近世仏教を、昨今書き替えが進みつつある新たな江戸時代像の中に再置した上で、「堕落」の内実を問い直すところにある。
（5）児玉識『近世真宗の展開過程』（吉川弘文館、一九七六年）。
（6）なお、児玉氏は新著『近世真宗と地域社会』（法藏館、二〇〇五年）の序章で、筆者が同氏の論調を真宗＝特殊論と捉えることへの反批判を展開している。たいへん示唆に富む反批判であり、今までの見解を改めさせられる点も多々あったが、それに関する筆者の意見は、次節や本書第二章などで逐一述べるつもりである。
（7）奈倉哲三『真宗信仰の思想史的研究』（校倉書房、一九九〇年）。

（8）もちろん、児玉氏より年代的にかなり下る奈倉氏の著書において、辻善之助・近世仏教堕落論の克服という課題は、そこまで強く意識されているものではない。ただし、旺盛な真宗信仰に他宗派との異質性を読み取る奈倉氏の視角は、やはり堕落論的理解に強く規定されたものであろう。同様のことは、後に触れる有元正雄氏の宗教社会史研究についてもいえる。

（9）なお、三業惑乱に対する筆者の見解は、本書第四章参照。

（10）有元正雄『真宗の宗教社会史』（吉川弘文館、一九九五年）。

（11）以上、もっぱら児玉・奈倉・有元三氏に代表させるかたちで、近世真宗の研究史整理を行ってきた。もちろん、近世真宗史研究の分厚い蓄積の中には、三氏のほかにも、制度史的な観点から真宗教団を論じた千葉乗隆『真宗教団の組織と制度』（同朋舎、一九七八年）や、社会学的な見地から真宗信仰を論じた森岡清美『真宗教団と「家」制度』（お茶の水書房、一九七八年）、民俗学的手法を取り入れた佐々木孝正『仏教民俗史の研究』（名著出版、一九八七年）、蒲池勢至『真宗と民俗信仰』（吉川弘文館、一九九三年）など、貴重な成果が数多くある。しかし、本章では、その後の宗教史研究を規定した影響力の大きさから、あえて三氏の研究を「典型」として取り上げた。当然、三氏の研究は一括りに把握できない独創性をそれぞれに有しており、真宗＝特殊論とまとめることで個々の豊かな可能性を見失う恐れもあるが、やはり後の研究を規定したという観点から、今回はあえて相違点より相似点のほうにこだわった。

（12）この点について、大桑斉「仏教的世界としての近世」（『季刊日本思想史』四八、ぺりかん社、一九九六年）は、児玉・奈倉・有元三氏の研究を取り上げ、「これらは、近世という世界が非宗教的世界であるという前提を問題化する視点をもっていないから、真宗の独自性（つまり真宗の「近代」性）をいえばいうほど真宗以外の仏教は「近代」への方向性を持ち得ないものとして否定され、結果的には近世世界における仏教そのものの位置付けが視野から脱落してしまうことになる。近世仏教思想史は自らこの袋小路からの脱却を目指さなければならない」と述べる。筆者もこの提言に強い示唆を受けた。

(13)高埜利彦『近世日本の国家権力と宗教』(東京大学出版会、一九八九年)。

(14)代表的なものを挙げると、神道本所の近世的な展開を総括した井上智勝「近世本所の成立と展開」(『日本史研究』四八七、二〇〇三年)や、陰陽道本所の宗教者支配を再考した梅田千尋「陰陽道本所土御門家の組織展開」(『日本史研究』四八七、二〇〇三年)などがある。

(15)最も体系的な成果としては、高埜利彦編『シリーズ近世の身分的周縁』一(吉川弘文館、二〇〇〇年)を挙げることができる。

(16)大桑斉『寺檀の思想』(教育社、一九七九年)。なお、同氏の主張を引き継ぐように、尾藤正英『江戸時代とはなにか』(岩波書店、一九九二年)でも、近世民衆が死後往生の保証を得るため、自ら檀家制度の成立を熱望したことが指摘された。こうして、従来の檀家制度評価は、今や一八〇度の転換を迫られている。

(17)大桑註(12)前掲論文、同『日本仏教の近世』(法藏館、二〇〇三年)。

(18)澤博勝『近世の宗教組織と地域社会』(吉川弘文館、一九九九年)。

(19)有元正雄『近世日本の宗教社会史』(吉川弘文館、二〇〇二年)。なお同書については、引野亨輔「書評・有元正雄『近世日本の宗教社会史』」(『宗教研究』七八—一、二〇〇四年)でも若干の私見を述べておいたので、併せて参照されたい。

(20)この点について、近世真宗の「特殊性」を親鸞教義へと還元させることにむしろ警戒的なのは、児玉識氏である。すなわち同氏の註(5)前掲書では、太宰春台『聖学問答』の「一向宗ノ門徒ハ、弥陀一仏ヲ信ズルコト専ニシテ、他ノ仏神ヲ信ゼズ(中略)コレ親鸞氏ノ教ノ力ナリ」という一節が引用された上で、「このような真宗門徒独自の強靭さは、はたして春台の言うごとく単に「親鸞氏ノ教ノ力」だけによるものなのであろうか。村落の末端にまで封建権力の浸透していた幕藩体制社会にあって、教義の力のみによってこれほどまでに真宗の特異性を発揮することが可能であっただろうか。そこには教義以外になお別の社会的要因が存在していたのではないか、と問い直してみる必要があろう」との見解が示される。同氏の提言は、必ずしも奈倉・有元両氏に引き継がれなかったようだが、筆者にとって学ぶべき点の多い指摘である。

(21) 梅原猛『誤解された歎異抄』(光文社、一九九〇年)。
(22) 金龍静『蓮如』(吉川弘文館、一九九七年)。
(23) 末木文美士『日本仏教史』(新潮社、一九九六年)。
(24) 黒田俊雄『日本中世の国家と宗教』(岩波書店、一九七五年)。
(25) 同前書。
(26) 金龍註(22)前掲書。
(27) 林淳「カミとホトケ」(山折哲雄・川村邦光編『民俗宗教を学ぶ人のために』、世界思想社、一九九九年)。
(28) 尾藤註(16)前掲書。

第一章　近世真宗における神道批判の論理

はじめに

神祇不拝、すなわち「弥陀一向」の教義を有する真宗が、それゆえに他のいかなる神仏も崇拝しないという信仰形態は、多神教的な日本の宗教風土の中でも特異な事例として注目を浴びてきた。そしてその論証は、もっぱら門徒の習俗レベルに焦点を絞って進められている[1]。一見当然に思われる以上のような現状は、これまでの真宗史研究が、学僧の教学理論と門徒大衆の日常信仰という「二重構造」論で語られてきたことと、深い関わりを持っている。

例えば、柏原祐泉「近世真宗における神祇への対応[2]」は、王法為本を掲げる近世の真宗学僧について触れ、「神祇不拝を説いたとしても、それはたかだか一応の教学理論の一部としてであり（中略）神棚不安置、祓札不祭を主張しても、実生活上では神祇崇拝と祓札受容を説いた」とその限界性を指摘する。柏原氏の論法が、教学理論上は神祇不拝への意識を先鋭化させつつ、門徒の日常信仰レベルでは神祇崇拝を容認せざるを得ないという「二重構造」的な真宗理解に基づくことは明らかだろう。

仏教民俗学の先駆者五来重氏の『仏教と民俗[3]』にも、同様の論法は見出せる。同氏は、現代の真宗僧侶にとって占い・祈禱や新興宗教へ傾斜する門徒が悩みの種となっている現況に触れた後、以下のように述べる。

日本民族のヴァイタリティは雑多な信仰や宗教を同居させて、多目的ダムのように来世も現在も矛盾なく用を弁しているところにある。しかしその雑多なるものを帰一する仏として阿弥陀如来が実在し、その本願のありがたさを庶民に開顕した親鸞聖人の御恩徳を忘れなければ、俗信もまた庶民の精神生活をゆたかにする方便として、ゆるされるであろうとおもう。

同氏の立場は、真宗僧侶の凝り固まった神祇不拝意識をたしなめ、俗信の必要性を見直そうとするものだから、柏原氏とは大いに異なる。しかしその語るところは、やはり学僧の強固な俗信拒否と門徒の融通無碍な信仰心という「二重構造」論なのである。

つまり、ご利益のある神仏なら何でも崇拝するのが日本人の普遍的な宗教意識であるという理解の下、従来の真宗史研究は、俗信排除の学僧―多神教的な門徒大衆という少々短絡的な「二重構造」論を頻用してきたといえる。上記のような固定観念があったため、真宗門徒の日常生活で神棚不安置が確認できるなら、それは神祇不拝貫徹の決定的証拠であると捉えられ、研究者の関心もそこに集中してきた。他方、学僧レベルの俗信否定はとりあえず確立したものとされ、教学史以外の場面で彼らの神祇信仰認識が議論の焦点になることはなかった。

しかし、日本人が古来習合的な宗教文化を築き上げ、融通無碍に諸々の神仏を崇拝してきたという古典的解釈に対して、実は近年鋭い批判が登場しつつある。例えば佐藤弘夫『アマテラスの変貌』(4)は、中世人が、彼岸にあって究極的な救済を司る仏（例えば極楽浄土の阿弥陀如来）と、此土に垂迹して人々を救済へ導く諸々の仏神（特定の寺社に鎮座する仏神はもちろん、最澄や空海など偉大な祖師もここに含まれる）、これら二種類の存在を明確に区分しながら信仰していたと指摘する。すなわち、彼岸の仏たちが直接娑婆世界に働きかけてくれないから、中世人は、彼岸への導き手として示現した多彩な仏神を崇拝したのであり、節操なく映る彼らの行動の背後には高度なコスモロジーさえ存在したことになる。以上、神仏習合が無知な庶民による神仏の渾然一体化でなく、むしろ思弁的な世界観だとすると、万巻を読破して学業に励む僧侶ならではの神仏習合的思考も、抽出可能ではないだろうか。

上記のような問題設定に基づき、以下では、真宗学僧が著したいくつかの神道論を分析してみた。多神教的な日本の宗教風土の中で、真宗信仰は異例にも他の宗教要素を厳しく排除してきたという。しかし、彼ら真宗学僧の神祇観とは、いったいどこまで排他的なものなのだろうか。筆者の関心はそこに集約されるわけだが、分析結果を先取りすると、意外にもこうした神道論には『古事記』『日本書紀』など大量の国史や神書が引用され、自説の根拠にされている。引用した国史・神書に対する彼らの認識を探れば、真宗の排他性の当否も解明されるだろう。そこで本章では、今まであまり注目されてこなかった学僧の神祇観を通じて、近世真宗信仰の「特殊性」を再検討してみたい。

第一節　真宗学僧の神道論における国史・神書引用

1　分析視角

さて、本章で検討対象とするのは、近世真宗学僧が自著に引用した大量の国史・神書である。そこで、複数の著述とその引用を分析するため、筆者が設定した分析視角について、若干の解説を施しておく。

まず日野龍夫「偽証と仮託」(5)に注目すると、そこでは私意を排した文献実証で知られる本居宣長と、近世に続出する偽書とが比較され、以下のような興味深い主張が展開される。

強いイメージが先行して、それを表現する媒体として古書を恣意的に引用するという点では、意図的な偽書・偽証と宣長の学問との間に原理的な境界線を引くことはむつかしい。実証主義成立以前の近世の学問は、研究者の直接的自己表現という役割を果たすことができたし、学問のこのような性格が、偽書・偽証の遊びを許容するだけの幅を近世の学問風土に与えた。（中略）実証が進めばより充実した偽証が可能になる。

宣長の学問と偽書が近似値にあるという刺激的な見解の妥当性は、ここではあえて問わない。むしろ筆者が注目したいのは、前近代の一見客観的な書物引用が、けっして現代的な文献実証と意図を同じくしないという日野氏の指摘である。この指摘に従えば、真宗学僧の国史・神書引用も、彼らの神道思想への傾斜・埋没と単純に解釈してはならない。むしろ、本当に試みる必要があるのは、国史・神書引用が、真宗にとっていかなる自己主張へ結び付いているかの構造分析であろう。そこで以下では、引用の自己主張性に迫るべく、真宗学僧が著した神道論の分析を進める。

2　各書解題

さて、**表1・2**は本章で検討対象とする真宗学僧の神道論とその国史・神書引用についてまとめたものである。そこで、ひとまず両表で取り上げた神道論が、それぞれどのような性格を持つものか、簡単な解題を付しておきたい。

『僻難対弁』[6]は、明和二年（一七六五）に石見国市木浄泉寺の住職仰誓によって著されたもの。当時石見国浜田周辺で刊行・流布していた神道家による真宗破斥の書に対して、仰誓が真宗僧の立場から弁論した書物である。仰誓についても若干触れておくと、もともと本山から浜田藩領に使僧として派遣された人物で、後には浄泉寺の住職となって同地に永住した。浜田周辺の真宗門徒は、明和年間に神棚おろし――「弥陀一向」の教義を掲げて宅内から神棚を廃棄する運動――を起こしているが、その背景に仰誓の教導があったとされ、「神棚おろしの仰誓」の名を付されることもある。[7]

『祈禱弁附神棚弁』[8]は、文化八年（一八一一）に安芸国の真宗学僧雲幢によって著されたもの。真宗信仰と祈禱・神棚の関係について簡潔に論じ、門徒たちにそれらの不要を説いている。ちなみに雲幢は、仰誓同様に「神棚おろしの報専坊」と称された学僧慧雲の弟子である。[9]

『雪窓夜話』[10]は、阿波国東光寺の住職桑梁によって著されたもので、跋は文化十一年、序は同十二

表1　真宗学僧の神道論における国史・神書の引用

【神道論】＼【引用書】	『古事記』	『先代旧事本紀』	『日本書紀』	『続日本紀』	『日本後紀』	『続日本後紀』	『文徳天皇実録』	『日本三代実録』	『倭姫命世記』	『宝基本記』	『延喜式』	『百錬抄』	『神皇正統記』	『沙石集』	『古今著聞集』	『和論語』	『神国決疑編』	『護法資治論』	『両部神道口決鈔』	『唯一神道名法要集』	『本朝神社考』
『僻難対弁』（仰誓著・明和２年）		○	○								○			○						△	
『祈禱弁附神棚弁』（雲幢著・文化８年）			○								○	○				○					
『雪窓夜話』（桑梁著・文化11年）	○	○	○	○			○			○	○	○	○						○	△	
『神道俗談弁』（誓鎧著・文化14年）			○	○								○		○			○	○			
『神仏水波弁』（南渓著・文政７年）			○	○	○	○	○	○	○	○	○	○	○		○	○	○		○	○	○
『垂釣卵』（曇龍著・天保12年）	○	○	○	○	○	○	○	○	○	○	○	○	○	○	○	○	○	○	○	○	○

※○は本文中で引用書名が明記されている場合、△は引用箇所から書名を推測した場合を示している。
（典拠などについては本文参照）

年。神と仏の関係をもっぱら神仏一致の観点から説いている。ちなみに桑梁は、西本願寺の学僧中でも唯一の神道研究家と称された人物である。この書も彼の神道に関する豊富な知識に基づいて論述されている。

『神道俗談弁』(11)は、文化十四年に出雲国安来明徳寺の住職誓鎧によって著されたもの。文化年間といえば、京都吉田家配下の神道講釈師が、全国各地で盛んに神道講談を行った時期であるが、(12)この書は彼らの真宗誹謗に対して学僧誓鎧が反駁を試みたものである。ちなみに誓鎧は、『僻難対弁』の著者仰誓の弟子に当たる。

『神仏水波弁』(13)は、文政七年（一八二四）に豊後国満福寺の住職南渓によって著されたもの。題名から明

表2　真宗学僧の神道論における国史・神書頻出引用箇所

【引用書】 【引用箇所】 【神道論】	『日本書紀』（崇神天皇6年） 天照大神、倭笠縫邑に遷座	『日本書紀』（欽明天皇13年） 仏教伝来	『日本書紀』（推古天皇12年） 聖徳太子、憲法十七条を作る	『日本書紀』（天武天皇14年） 天武天皇、仏舎供養の詔を発す	『続日本紀』（天平勝宝元年） 聖武天皇、東大寺に行幸する	『続日本紀』（天平神護2年） 伊勢神宮寺に丈六の仏像を造る	『神皇正統記』他（貞観元年） 行教、宇佐八幡を石清水に勧請	『百錬抄』（長元4年） 藤原相通、宅内に宝殿を作った罪で配流	『唯一神道名法要集』（天平14年） 聖武天皇、行基を伊勢神宮に派遣
『僻難対弁』（仰誓著・明和2年）	○								○
『祈禱弁附神棚弁』（雲幢著・文化8年）	○							○	
『雪窓夜話』（桑梁著・文化11年）	○	○	○	○	○	○	○	○	○
『神道俗談弁』（誓鎧著・文化14年）	○	○		○				○	
『神仏水波弁』（南渓著・文政7年）	○	○	○	○	○	○	○	○	○
『垂釣卵』（曇龍著・天保12年）	○	○	○	○	○	○	○	○	○

（典拠などについては本文参照）

らかなように、神道の仏教批判に対して神仏一致の立場で反論している。南渓は西本願寺学林で勧学職を務めたほどの学僧で、儒者の排仏論に対抗した『角毛偶語』や、キリスト教を批判した『杞憂小言』『闢邪小言』など、多数の護法論を著した。

『垂釣卵』(14)は、文化八年に安芸国の真宗学僧曇龍によって書き始められたもので、その後随時訂正を加え天保十二年（一八四一）に刊行された十二巻の大著。文化年間に矢野大倉という神道講釈師が語った仏教批判に対し、真宗の立場から抗弁した書である。ちなみに曇龍は、後に筑前国の名刹万行寺の住職を継いでいる。


以上、**表1・2**で取り上げた神道論に簡単な解題を付したが、注意しておきたいのは、これらを著した真宗学僧の立場が多岐にわたる点である。例えば、仰誓『僻難対弁』や誓鎧『神道俗談弁』の場合、今現在行われている神道家の真宗誹謗に、やむにやまれず抗弁したという性格が強い。他方、桑梁『雪窓夜話』の場合、日々の神道研究の成果を誇らしげに開陳したものだし、また雲幢『祈禱弁附神棚弁』のように、真宗門徒の心得を問答形式で説き聞かせたものもある。そして、置かれた立場は様々でありながら、これらの神道論が引用する国史・神書は、**表1・2**のごとく似通った傾向を示す。つまり、両表にみえる国史・神書の大量引用を、真宗学僧の中でも珍しい神仏一致論者の行為だという風に、例外視してしまうことは不可能なのである。さらにいえば、本章で取り上げた真宗学僧の神道論は、時期的・地域的にもかなりの幅を有する。それらが文献引用においてみごとに類似するというなら、彼ら真宗学僧の国史・神書に対する共通認識とはいかなるものか、探ってみる必要がある。

そこで以下では、引用される国史・神書のより具体的な分析へと移っていきたい。

3　引用頻度の高い書物とその性格

さてここで、真宗学僧の神道論において頻繁に引用される国史・神書を表1から確認し、さらに細かい分類を行っておく。

最初に注目されるのは、やはり『日本書紀』をはじめとする六国史の引用であろう。また六国史以外にも、『古事記』『先代旧事本紀』『百錬抄』など現在でも著名な国史関連書物が、引用書の中で大きな位置を占めている。神道五部書の一つである『倭姫命世記』や『宝基本記』、古代法典である『延喜式』、北畠親房の著した中世歴史書の代表格『神皇正統記』も、このグループに加えることが可能だろう。そこで、以上のような国史関連書物を、とりあえず第一分類としておく。

次に、『沙石集』『古今著聞集』『和論語』の三書を第二分類とする。これらは、一般的にいえば国史・神書の範疇にさえ入らないものだろうし、一括りにできるほど明確な類似性も存在するようにはみえない。しかし筆者は、真宗学僧の神道論を分析する上で、これら三書を一括りの国史・神書群と捉えることが非常に有効だと考えている。筆者の意図は追々詳述していくが、ひとまずここでは、第一分類のように厳密な意味での国史・神書ではなく、それにもかかわらず通俗性の中に意外な神祇信仰への興味関心を秘める書物とのみ指摘しておこう。

最後に、『神国決疑編』『護法資治論』『両部神道口決鈔』の三書を第三分類とする。これらはすべて江戸時代に書かれたもので、国史・神書というより神道思想の解説書である。刊行年代や著者の特徴については、やはり追々詳述する。

さて以上のように、真宗学僧の国史・神書引用を、その性格から三つに区分してみた。以下、各分類に対する個別的な検討を進める。

まず第一分類とした大量の国史関連書物は、いかなる意図で引用されたのだろうか。表1から明らかなように、こうした引用傾向はすべての神道論で一貫して確認できる。例えば仰誓『僻難対弁』において、「日本書紀第五ヲ見ルニ。第十代崇神天皇即位六年マテハ。天照太神ヲ天子ノ大殿ノ内ニ祭リ玉ヘトモ。神威ヲ重シタマヒ。共ニ住シ玉フコトヲ畏テ。天照太神ヲ倭ノ笠縫ノ邑ニ祭リ玉フ」という『日本書紀』の引用がすでにみられる。そしてその引用は、「代々ノ天子スラ徳ニオソレテ。同シ御殿ニ安置シタマハヌトナリ。イハンヤ輒ク民家ニ（神棚を――引用者注）安置スヘケンヤ」と、真宗の神祇不拝正当化へ結び付けられる[15]。

ただし筆者が注目したいのは、当初からみられた国史関連書物引用が、『神仏水波弁』や『垂釣卵』に至ってその量を飛躍的に増大させている点である。とくに著述そのものが大部な『垂釣卵』では、数え切れないほどの国史・神書が原典に忠実なかたちで大量に引用される。一例を挙げるなら、同書は行基の伊勢参宮という出来事を、以下のようなかたちで紹介する[16]。

> 太神宮諸雑記（唯一神道名法要集引云、太神宮形文深釈序文也、今依神国決疑編故云也）等ヲ読ムニ、聖武ハ仏教東シテヨリ凝結セル天下ノ疑紛ヲ解テ以テ西天代神ノ託意ヲ遂ケタマヘルノ帝ナリ、然ルニ初メ帝行基・諸兄ヲシテ神慮ヲ窺ハシムルトキハ、太神実相真如コレ日輪トノタマヒ、後太神帝ノ夢ニ入リタマフトキハ日輪コレ大日トノタマフ

要するに、大仏建立にあたって聖武天皇が行基を伊勢神宮へ参詣させたところ、めでたく神仏一致

のご神託が下ったという文意なのだが、それが真宗学僧にとっていかなる自己主張に繋がったかは次節以降で述べる。ここで把握しておきたいのは、じれったいまでに丁寧な『垂釣卵』の文献引用方法である。同書は、行基伊勢参宮の事実が『唯一神道名法要集』には『太神宮形文深釈』の序文を引用するかたちで載せられていると紹介した上で、今回はそれを頼りにせず、むしろ『神国決疑編』という本に引用される『太神宮諸雑記』に拠ったと、自著の典拠を明記する。ちなみに、『唯一神道名法要集』に引用される『太神宮形文深釈』（正式には『両宮形文深釈』）とは、空海に仮託される中世の偽書であり、他方の『太神宮諸雑記』（正式には『大神宮諸雑事記』）とは、現在も史料価値を認められる文献である。『垂釣卵』の著者曇龍が、偽証を多用した吉田兼倶『唯一神道名法要集』(17)の信憑性を疑って典拠にしなかったのか、たまたま『神国決疑編』のほうを先に入手できただけなのかは、定かでない。しかし、同書の文献引用方法から、原典に忠実であろうとする彼の学問姿勢は十分看取できる。

『垂釣卵』にみられるような典拠重視の姿勢は、『神仏水波弁』でも同様に確認できる。やはり行基の伊勢参宮を例に取ると、同書は、わざわざ『大神宮諸雑事記』『和論語』『唯一神道名法要集』『神国決疑編』『本朝神社考』の五書をそれぞれ引用した上で、以下のように述べる(18)。

是等ノ諸書ノ中、諸事記ハ神家ノ秘録。倭論語ハ清原良業後鳥羽院ノ勅ヲ奉シテ撰ス。名法要集ハ吉田ノ俊傑卜部兼延ノ撰。決疑篇ハ伊勢ノ博識竜熙近之述。神社考ハ儒家ノ宏才林道春ノ作也。事実明著神勅炳焉ナリ、皇太神ハ盧舎那仏ノ垂迹タル事誰カ間然スル事アラン。

引用の豊富さこそ自説の正しさを保証するという『神仏水波弁』の著者南渓の姿勢が、ここには明瞭に表れている。

以上のような南渓・曇龍にみられる文献引用の姿勢は、真宗の立場を正当化するため巧みに『日本書紀』の一文を抜粋した仰誓『僻難対弁』の時点とは、少々次元を異にしている。つまり、『神仏水波弁』や『垂釣卵』になると、もはや国史関連書物の「考証」自体を自己目的とするかのような徹底した文献引用が出現するわけである。こうした変化は何を意味するのだろうか。

話は突然横道に逸れるが、岡村敬二『江戸の蔵書家たち』[19]は、文化年間（一八〇四〜一八）の江戸周辺に出現した小山田与清・屋代弘賢・塙保己一など個性的な「蔵書家」を紹介し、彼らの登場要因を以下のように推測している。近世前期には朱子学をはじめとする中国古典研究が盛行し、基礎的素養としての古典読解力は顕著に向上した。さらに中後期になると、こうした読解力の向上に裏付けられ、日本の古典籍にも目を向けようとする復古的風潮が高まった。古典研究には、雑多な諸本を比較検討し、その異同を分析する考証・校勘の学が必須である。そこで資力のある学者は、復古的関心から古典籍の収集に乗り出し、民間国学者に代表される「蔵書家」が、近世後期に集中的に登場したというわけである。

同書によれば、上記のような日本の古典籍に対する関心増大は、江戸周辺に留まらず、より全般的な傾向でもあった。出版文化が初めて花開いた江戸時代には、最新情報の把握を目的とした総合的な書籍目録がいくつか刊行されているが[20]、寛文六年（一六六六）頃の成立とされる『和漢書籍目録』には、経典―外典―字辞典―正史・神書・有職―実学書―文学書―実用書の順序で書誌情報が載せられる。つまり、近世前期における書物の価値基準とは、経典＝仏教が厳然と筆頭にあり、外典＝儒学がそれに続き、国史や神書はさらにその後に位置するというものだった[21]。ところが、享和元年（一八〇一）刊行の『合類書籍目録大全』では、上記のような位置付けが一変する。同書に載る書誌情報の順序は、正史・神書・有職―外典―辞典―実学書―経典―文学書―実用書となる。この時点に至って、仏典と国史の位置付けは完全に逆転している。日本の古典籍に対する考証・校勘の情熱が、国史・神書の文化的価値を押し上げ、書籍目録における位置付けさえ改めさせたのである。

近世後期、とくに文化年間の動向として、以上のような日本古典籍への関心増大が指摘できるなら、『神仏水波弁』や『垂釣卵』における国史・神書の大量引用も、やはりこうした復古的風潮を背景に持つと考えざるを得ない。しかも、すでに確認したように、両著は明らかに文献考証の手法を精緻化させつつ、国史・神書を忠実に引用していた。著者である南渓や曇龍は、当時盛行していた考証・校勘の学に多くを習いながら、文化的価値の上がった国史・神書を積極的に引用したわけである。

もっとも、国史・神書が引用されるから、真宗学僧が神道の論理に取り込まれていたと短絡的に結論することはできない。既述の通り、問題の核心は、国史・神書の引用によって彼らがいかなる自己主張をなし得たかなのである。しかし、個々の引用箇所に対する綿密な分析は次節以降で行うこととし、本節ではとりあえず、真宗学僧の国史・神書引用が、文化年間における広範な日本古典籍への関心増大や考証熱の高まりに後押しされていた点のみ指摘しておく。

次に、第二分類としておいた『沙石集』『古今著聞集』『和論語』の検討に移ろう。まず『和論語』に注目すると[22]、同書は寛文九年（一六六九）の刊行と推測される通俗的道徳書である。思想的特徴としては、神儒仏一致論の影響を色濃く帯びる。

抑本朝神代のはじめより、世々のおきての神託あり。神武天皇より後鳥羽院に及び、清家これをしるしとどめて、深くかくして人にみすることなし。然るに承久年中、清原良業、此書を叡覧に備へしかば、上皇なのめならずよろこび給ひて良業に仰て、今より後上天子より庶人に至まで、銘言ならんとしるしとゞむべきみことのりを蒙りて、承て久しき年のはしめより、寛に永き年の今に至るまで、たゆることなし

以上の引用は、同書の巻末に記されたものである。この文章から推測されるように、ご神託をはじめ貴族・武士・僧侶・女性などの名言を延々と列挙するのが、同書の特徴である。なお、承久元年（一二一九）の清原良業を始まりとし、一七人もの選者が長い年月をかけて書き綴ったという体裁を取るが、その点は明らかに偽証といわざるを得ない。ただし、名言集という平明な性格を持つため、通俗的道徳書として重宝され、幅広く読まれた。とくに石門心学の講席でテキストに用いられたことは有名で、石田梅岩も同書の神儒仏一致論に強く感化されたという。

それでは、『和論語』を引用することが、真宗学僧のいかなる主張に繋がったのだろうか。雲幢『祈禱弁附神棚弁』から、その引用例を抜き出すと、以下の通りである。

古来本山ニ在テ別ニ祈念モ行ヒ玉ハス御札一枚モ捧ケラル、コトナシ。是念仏一所ニテ別ニ祈禱セサレトモ祈禱スルノ道理アルカユヘナリ。（中略）神道ニテハ古来神詠ト申シ伝ル歌ニ、心タニ誠ノ道ニカナヒナハ祈ラストテモ神ヤマモラント云々。又大和一言主大明神ノ託宣云、人ノ心正シキ道ヲミカ、ハイノラストテモ心ノマ、ナラン。又宇佐八幡託宣云、衆生ノ心不善ナルトキ神明ヲイノリ求ムトモソノ心ニヤトルコトナシ。心正シキトキハ祈ラサレトモ我レツネニソノイ

タ、キニウツリ居テ守ラン。此レハ和論語ニ出タリ。

ここで雲幢が引用しているのは、いずれも『和論語』一巻「神明部」に載るご神詠である。とくに「心タニ誠ノ道ニカナヒナハ……」は、神道教理を通俗的に説き聞かせる際によく用いられたもので、民間における知名度も高かった。そして雲幢は、有名なこの歌を真宗的な論理へと強引に読み替え、諸神諸仏が念仏行者を影護するという自己主張に結び付けている。(23)

さて、『和論語』が近世初期に著された通俗的な神儒仏一致論だとすると、『沙石集』や『古今著聞集』はどうであろうか。教科書的な説明を加えるなら、『古今著聞集』は建長六年(一二五四)成立で、当時の下級官僚橘成季が詩歌管弦に関する優雅な物語をまとめた説話集、『沙石集』は弘安六年(一二八三)成立で、諸宗兼学の僧侶無住道暁が啓蒙的意図を持って記した仏教説話集である。いずれもいわゆる国史・神書に該当するものではない。しかし、佐々木馨「中世仏教と神祇」(24)の指摘に従えば、実は『沙石集』『古今著聞集』とも濃厚な神祇信仰に彩られた書物である。両著成立に先駆けて起こった承久の乱は、武家権門が初めて公家権門を軍事的に圧倒した事件であり、当時の支配イデオロギーである神国思想も、著しく動揺した。しかし、この危機的状況の中で、公家権門は反動的に自らの文化的蘇生エネルギーを燃焼させ、かつてない神国思想の高揚を図った。その象徴こそ『沙石集』や『古今著聞集』というわけである。

なるほど『古今著聞集』では、第一巻冒頭に「天地開闢の事幷びに神祇祭祀の事」が充てられ、それは「我朝は神国として、大小神祇・部類・眷属、権化の道、感応あまねく通ずる物也」という言葉で始まる。また『沙石集』巻頭にも、神仏習合に基づく神祇説話が配置され、「我朝ハ神国トシテ大権アトヲ垂レ給フ。又、我等ミナ彼孫裔也」という言葉が引かれる。このように、両著はいずれも冒頭に神祇説話を置き、揺らぐ神国思想の蘇生を試みた書物なのである。

以上、『沙石集』『古今著聞集』が、『和論語』同様に通俗書でありながら神祇信仰を多分に含むなら、真宗学僧は、両著の引用によってどのような自己主張を展開するのだろうか。簡略にその引用箇所を列挙しておくと、『僻難対弁』には『沙石集』第一巻の「神明慈悲ヲ貴給事」[25]が、『垂釣卵』には同じく『沙石集』第一巻の「生類ヲ神明ニ供ズル不審ノ事」[26]が、『神仏水波弁』には『古今著聞集』第二巻の「春日大明神高弁上人の渡天を留め給ふ事」[27]が、それぞれ抜粋される。つまり、真宗学僧たちは、両著の神髄である冒頭の神祇説話を、好んで選び取ったことになる。具体例を挙げると、『垂釣卵』には「神社考三ニ依レハ、明神形ヲ現シテ弘法ト語リ、又一僧ニ告ケテ鱗供ノ因縁ヲ以テ仏道ノ方便トストノタマフ、沙石集ニモ亦之ヲ出ス、此等ノ文ニ依ルニ、明神ハ権化ノ大士ナルコト歴々タリ」とある。『沙石集』原文によって補うと[28]、「明神形ヲ現シテ弘法ト語リ」とは、空海が厳島に参詣した際、明神が示現し、今後僧侶が来れば必ず菩提心を授けると約束した説話を指している。また、「一僧ニ告ケテ鱗供ノ因縁ヲ以テ仏道ノ方便トストノタマフ」とは、別の僧侶が厳島に参詣した時、魚類の供物が殺生禁断に反することの不審を問うと、やはり明神が示現し、漁師の罪を自分が肩代わりしているのだと告げた説話を指している。ここでも、『垂釣卵』は明らかに中世的な神仏習合説話に依拠し、仏の教えは日本の神々に援護されるという論法で自己主張を展開している。

最後に、第三分類とした『神国決疑編』『護法資治論』『両部神道口決鈔』の三書に共通する性格を探りたい。

各書の個別的な性格は、おおよそ以下の通りである。『神国決疑編』[29]は延宝元年（一六七三）竜熙近によって著されたもので、刊行は元禄四年（一六九一）。竜熙近は伊勢の神道家で、神仏一致を主張した人物。同書でも豊富な史実に基づき、神仏一致論の正当性が説かれる。『護法資治論』[30]は宝永四年（一七〇七）森尚謙によって著されたもの。森尚謙は水戸藩儒で、当時多くの儒者が神儒一致を唱える中、珍しく儒仏一致を主張した人物。同書も、儒学と仏教の対立を戒め、神儒仏三教が相補って国政の支柱となるべき旨を論じている。『両部神道口決鈔』[31]は源慶安によって著されたもので、自序は正徳六年（一七一六）、刊行は享保四年（一七一九）。近世を代表する両部神道の解説書である。

以上、三書はいずれも、近世中期以降に著された神仏一致論、もしくは神儒仏一致論であった。それでは、同時期に上記のような神仏一致論が著され、それらを真宗学僧が盛んに引用した意義は、どこに求め得るだろうか。

そもそも、神仏習合が支配的思潮となるのは、本地垂迹説が盛んに説かれた平安時代後期から鎌倉時代にかけてである。当時顕密仏教の寺院は荘園領主として一大勢力を誇っており、その圧倒的な仏教優位を前提として、日本各地に鎮座する神々は、人々を仏の教えに導く仮の姿であると説かれた（なお、佐藤弘夫氏の理解に従えば、「此土の仏神」が「彼岸の仏」へと導くため示現したとすべきか）。こうした神仏習合の枠組みは、仏教サイドの主導的な働きかけによって中世社会にいち早く浸透し、王権神話の要である『日本書紀』さえ、本地垂迹説に則して理解されるようになった[32]。さらに室町時代になると、吉田兼倶の根本枝葉花実説に象徴されるような神儒仏一致論も登場し、諸教融合的な思潮はより強まった。しかし江戸時代初期には、実力を蓄えた儒者が三教から仏教のみ排除した神儒一致を盛んに唱えるに至り、仏教の主導権は著しく低下した。そして中後期になると、すべての外来思想を排除し、純粋な日本古来の道を探究する復古神道・国学が登場し、仏教優位の下で形成された神仏習合の枠組みは完全に崩れ去ったという(33)。

以上、あえて過度に単純化した支配的思潮の概観を試みたわけだが、近世における神仏習合・本地垂迹説の失墜というこの通説は、疑いない事実なのだろうか。河野省三「江戸時代の神仏一致派(34)」によると、近世社会には例外的と軽視し得ない無数の神仏一致論者が、一時代を通じて存在した。一部抜粋しておくと、延宝・天和年間(一六七三〜八四)に聖徳太子に仮託した『旧事大成経』を偽造し、太子流神道を宣揚した怪僧潮音。あるいは、元禄年間(一六八八〜一七〇四)の出版界に異彩を放つ前述『神国決疑編』の著者竜煕近。潮音偽造の『旧事大成経』に依拠して文政四年(一八二一)に『鼎足論』を著し、神仏一致論を展開した浄土宗学僧大我。同じく『旧事大成経』の祖述に全力を捧げた依田貞鎮。また、真言宗の高僧で、晩年には神道研究に努め、寛政年間(一七八九〜一八〇一)前後に独自の雲伝神道を唱えた慈雲尊者飲光。河野氏の論文には、上記以外にもさらに多くの神仏一致論者が列挙されている。

もっとも、通説に反するような近世神仏一致論者の存在を鋭く指摘しながら、河野氏がそれらに下した評価はいささか消極的なものであった。すなわち同氏は、儒家神道・国学など神道勢力が拡張し、仏教の主導権が奪われた江戸時代という従来の枠組みをけっして否定しない。そして、神道勢力の発言力増大に応じ、やや追従的にそれとの融和を図ったのが、近世神仏一致論者だと結論する。しかしこうした評価は、王政復古をモットーに遂行された明治維新へと射程を定める、あまりに予定調和的なものだろう。小野将「近世の「国学」的言説とイデオロギー状況」[35]が指摘するように、近世にはそもそも「国学者」という自明のまとまり自体存在せず、彼らは常に公的認可を切望して領主権力や神道本所に接近する周縁的な集団だった。他方、近世仏教の位置付けを考えると、井上寛司「中世末・近世における「神道」概念の転換」[36]の以下のような評価が妥当かと思われる。すなわち、キリシタン排斥を目的とした江戸幕府のイデオロギー構築に際して、神道思想はけっして有効な機能を果たしたとはいえず、むしろその根幹となったのは幕末期に至るまで仏教思想だったというわけである。また、イデオロギー面に限らず、近世村落における宗教実践の場面でも、仏教の影響力は神祇信仰・神社を圧倒していた。例えば、地域に有力な真言宗寺院がある場合、住職が近隣の神社管理にまで介入し、神職の役目を圧迫する実例は、少なからず存在したのである[37]。

以上のような近世宗教世界の実情を踏まえるならば、儒家神道による執拗な仏教排除も、国学（とくに平田篤胤）による仏教的死生観の否定も、圧倒的優位な近世仏教に対する周縁からの抵抗と捉えておく必要がある。他方、既得権益者である近世仏教にしてみれば、神道サイドからの批判に、斬新な論法で抗戦する必然性は全くなかった。そして、仏教優勢が前提となって構築された本地垂迹説は、前時代の貴重な遺産として、そのままに神道勢力への対抗言説となり得た。以上の検討からすると、河野氏が指摘した近世神仏一致論者とは、確固たる近世仏教の優勢を前提に、かつて築き上げた本地垂迹説で巧みに自己正当化を果たし得た集団ということになる。だからこそ、多くの真宗学僧も、第三分類の神仏一致論を頻繁に引用し、自説の補強を行い得たのである。

このように考えるなら、第二分類とした通俗書を彼らが自著に引用した意図も、併せて明らかになるだろう。神仏一致論的なこれらの書から、仏教の優位を示す習合説話を豊富に抜き出すことで、真宗学僧たちは、最も有効な神道批判を導き出せたのである。

もっとも、上記のような結論へと至るのは、少々早すぎたかもしれない。日野氏も指摘するように、前近代人にとって書物の引用とは、原文の文脈を無視したストレートな自己表現にほかならない。そこでいよいよ次節では、個々の引用箇所を分析対象に定め、国史・神書の引用が真宗の立場をいかに正当化するのかを考察してみたい。

第二節　真宗学僧の神道論にみる自己正当化の論理

本節では、**表2**に基づいて国史・神書の頻出引用箇所を把握し、真宗学僧がそれらを用いて果たそうとした自己主張の特質を解明する。

まず最もオーソドックスな引用箇所に注目すると、欽明天皇十三年（五五二）の仏教伝来、[38]推古天皇十二年（六〇四）の「篤く三宝を敬へ」を含む憲法十七条、[39]天平勝宝元年（七四九）の聖武天皇東大寺行幸などが挙げられる。[40]

例えば曇龍『垂釣卵』に注目すると、以下のような主張がみられる。[41]

人王三十五代推古天皇ノ御宇、一大聖人アリテソノ政ヲ摂行シタマフ、御名ヲ聖徳太子トマフシタテマツル（中略）然ルニソノ我釈迦ノ弟子ニシテ孔子ノ弟子ニ非ストイヒ、法服ヲ著テ勝鬘法華等ヲ講シ、自ラ称シテ勝鬘トノタマヒ、法ヲ出シテ三宝ニ篤敬セシメタマヘルヨリ視レハ、三道ノ中ニ於テ最尊崇シタマヘルモノハ仏法ナリ（中略）汝進テ太子ヲ愚トセンヨリ退テ神職ヲ止メヨ、神国ノ号ヲ立テ、他ノ人国ニ異ンシ、神史ヲツ、リテ神道ヲ興シ、官ヲ設ケ暦ヲ定ムル、ミナ太子ノ所制ナリ

既述のように『垂釣卵』は、神道家の仏教批判に対して、真宗の立場から抗弁した書物である。そしてここでは、聖徳太子が引き合いに出され、「汝進テ太子ヲ愚トセンヨリ退テ神職ヲ止メヨ」と自説が展開される。神職・僧侶の別にかかわらず広く庶民層にまで熱烈に信仰される仏教信奉者＝聖徳太子を楯に取り、神道家の仏教批判を牽制しているわけである。なお、広範にして盤石な太子信仰に依拠し、排仏論に抗する傾向は、真宗のみならず近世仏教全般に見出せる。(42)

また南渓『神仏水波弁』でも、「聖武天皇（中略）大仏建立成就ノトキハ、自ラ東大寺ニ行幸シ玉ヒテ仏ヲ拝シテ曰ク、三宝ノ奴奉盧舎那仏ノ前ニ（中略）皆是レ仏ヲ尊敬シ法ヲ崇重シ玉フノ高躅ナリ。排仏ノ徒コレヲ云何トカスル」と、排仏論への反批判が展開される。(43)実在する神道家に直接抗弁した『垂釣卵』と、神仏一致の立証に主眼を置いた『神仏水波弁』は、既述の通りやや立場を異にする。しかし、国史・神書の引用によって果たされる自己正当化の論法は、両著ともほぼ同じである。すなわち、神道家からも批判が憚られる天皇・皇族の崇仏を列挙し、歴史的事実によって「排仏ノ徒コレヲ云何トカスル」と詰問したのである。

付言しておくと、国史・神書から朝廷の仏教優遇を豊富に取り出す真宗学僧の神道批判は、手法としてみればきわめて単純なものである。ただし、日本古典籍の文化的価値が、文化年間以降著しく上昇している現状を併せて考えると、国史・神書を根拠とすること自体、時代状況に適合する有効な戦

略だったともいえる。

次に、天平神護二年（七六六）伊勢神宮寺に丈六仏像が造られたという記事や、『神皇正統記』『本朝神社考』に載る貞観元年（八五九）に僧行教が宇佐八幡神を石清水に勧請したという記事などが、類似傾向を持つ引用箇所として挙げられる。[44][45]

例えば『神仏水波弁』には、以下のような引用がある。[46]

続日本記廿七云、称徳天皇天平神護二年秋七月遣使造丈六仏像ヲ於伊勢太神宮寺。又三十二云、光仁天皇宝亀三年八月徙度会郡ノ神宮寺飯高郡度瀬山ノ房。（中略）此等ノ説皆伊勢ニ神宮寺アル事ヲ記ス、何ソ本迹ヲ談セサラン。

また『垂釣卵』には、以下のような引用がある。[47]

八幡大菩薩ニ就テハ（中略）神皇正統紀ノ応神天皇紀曰、欽明天皇ノ御宇ニ、ハシメテ神トアラハレテ、筑紫ノ肥後ノ国菱形ノ池トイフ所ニアラハレ給フ、我ハ人皇十六代誉田ノ八幡丸也トノ給ヒキ、誉田ハモトノ御名、八幡ハ垂迹ノ号ナリ（中略）清和ノ御時、大安寺ノ僧行教、宇佐ニマウテタリシニ、霊告アリテ、今ノ男山石清水ニウツリマシマス（中略）神明ノ本地ヲイフ事ハ、タシカナラヌタクヒオホケレト、大菩薩ノ応迹ハムカシヨリアキラカナル証拠オハシマスニヤ

真宗学僧の『古今著聞集』『沙石集』引用が、習合説話に集中することはすでに指摘した。そしてここでも同様に、彼らの国史・神書引用は、歴史的事実としての神仏習合立証へと収斂している。神仏一致の証明をそもそもの目標としている『神仏水波弁』は当然として、神道家の仏教批判に反論した『垂釣卵』まで、神仏習合の史実にこだわる意味はどこにあるのだろうか。神仏習合・本地垂迹説

が、圧倒的な仏教優位を前提に構築された論理だったことを踏まえるなら、おそらく真宗学僧たちのねらいは、仏＝本地、神＝垂迹という一種のヒエラルヒーを強要する点に求め得るだろう。彼らは、神仏習合の根拠を列挙することで、何も神仏の渾然一体を主張したかったわけではない。あくまで仏（とくに阿弥陀仏）の絶対的な優位性は確保した上で、諸神諸仏菩薩の整序立ったヒエラルヒーを明示し、神道サイドの仏教排斥に対抗したのである。

同じような神仏一致論の主張を、真宗学僧の神道論からさらに拾い出していくことは容易である。しかし、冗長な事例列挙は避け、行基の伊勢参宮という特筆すべき事項のみ、最後に取り上げておく。

前節でも若干触れたが、聖武天皇が行基を伊勢神宮に派遣したという叙述は、『大神宮諸雑事記』や『両宮形文深釈』に典拠を求め得るもので、吉田兼倶『唯一神道名法要集』や林羅山『本朝神社考』などにこれらの記事が引用され、知名度が高まった。桑梁『雪窓夜話』から、その引用部分を抜き出しておくと、以下の通りである(48)。

諸ノ神明ハ。ミナコレ極果ノ如来。深位ノ菩薩ニテマシマスナリ。就中本朝ノ大祖天照大神宮ハ。即チ是レ大日如来。マタコレ阿弥陀如来ニテマシマスナリ。是ヲ以テ神宮雑事及ヒ形文深釈ニ依ルニ。聖武皇帝東大寺ヲ建立シ玉ハントテ。神慮ヲウカ、ハンタメニ。天平十三年。行基僧正ニ勅シ玉ヒ。仏舎利ヲ大神宮ニ献シ玉ヒシニ。神殿ニ声アリ。高ク唱テ曰ク。実相真如之日輪。照却生死之長夜。本有常住之月輪。礫破煩悩之迷雲。我今逢難遇大願。如渡得船。又受難得宝珠。如暗得炬。師其持舎利。蔵埋飯高郷。マタ同年十一月三日。重テ左大臣正二位。橘朝臣ヲ勅使トシテ。御祈リアリケルニ。天皇ノ御夢ニ。大神宮告テ曰ク。本朝ハコレ神国ナリ。神明ヲ仰キ玉フヘシ。日輪ハ大日如来ナリ。コレヲサトリテ仏法ヲ帰仰シ玉ヒ。御願寺コトハシメ玉フヘシト。於是天皇深ク感シ玉ヒ。先ツ諸国ニ詔リシ玉ヒテ。塔ヲ作リ。丈六ノ仏像及ヒ大乗妙典ヲ奉納シ玉フ。マタ東大寺金銅ノ大仏像ヲ造リ玉ハントテ。行基菩薩ニ勅シ。諸国ニ勧進シ玉フ。(中略)シカレハスナハチ。天照大神宮ハ。ウタカヒナキ大日毘盧舎那如来ノ垂迹タルコト明カナリ。

上記の引用に沿ってやや詳しく事件の概要を追うと、そもそも僧侶である行基が伊勢神宮に参詣した発端は、大仏建立にあった。国家事業として仏教振興に乗り出した聖武天皇は、神慮にも気遣いをみせ、伊勢神宮へお伺いを立てた。そして、最初の勅使行基が参宮し、仏舎利を献上したところ、神殿から「実相真如の日輪は、生死の長夜を照らし、本有常住の月輪は、煩悩の迷雲を破る」云々というご神託が下った。天皇はそれを喜んだが、まだ真意が読み取れず、再度橘諸兄を勅使に遣わした。すると、今度は天皇の夢の中でご託宣があり、「日輪は大日如来であり、その本地は毘盧舎那仏である」という旨を告げた。そこで天皇は、いよいよ決意を固め、大仏建立に踏み切った。

今でこそあまり語られることのない行基の伊勢参宮だが、かつてはこの出来事から行基を本地垂迹説の始祖とするのが伝統的な理解であった。例えば『大日本史』は、行基を評して「及僧行基之出、創言神仏同体之意。最澄・空海又傅会以本地垂迹之説」と述べる(49)。つまり、日本で最初に神仏一致を考え出したのは行基であり、最澄や空海がそれをこじつけて本地垂迹説を唱えたというわけである。もちろんこれは少々荒唐無稽な理解であるから、啓蒙主義的立場で俗説を厳しく退けた辻善之助「本地垂迹説の起源について(50)」は、行基伊勢参宮の根拠となる史料すべてを鎌倉時代以降のものと論断し、奈良時代にそもそも神仏一致論などなかったと結論した。もっとも、辻氏の啓蒙的な史料批判にもやや強引な点はあったようで、現在では『大神宮諸雑事記』に関してのみ一応の史料価値を認める見解が一般的となっている[51]。ただ筆者にとって重要なのは、行基がはたして神仏一致論を唱えたか否かではない。むしろ真宗学僧たちが、当時本地垂迹説の始祖とみなされていた行基に着目し、その伊勢参宮を好んで自著に引用した事実にこそ、興味をそそられる。江戸時代の知識人層にとって、行基の伊勢参宮は、それなりの浸透をみせた伝承なのだろう。しかし、仏教伝来や聖徳太子の憲法十七条ほど人口に膾炙していたとは考えがたい。にもかかわらず、本章で取り上げた真宗学僧の神道論は、六書中四書までがこの記事を引用している。行基の伊勢参宮は、真宗学僧の神道批判において、ほとんど「常套句」と化しているわけである。引用が固定化・定型化に向かうほど、国史・神書に対する真宗学僧の考証は盛んであり、また中世的な神仏習合説話は神道批判の論理として最適だったといえる。

なお最後に付け加えておくと、桑梁は行基の伊勢参宮を根拠にしつつ、天照大神の本地仏は大日如来にして阿弥陀如来だと主張する。ところが、引用されたご神託をみる限り、阿弥陀如来への言及は全く出てこない。国史・神書に依拠するようにみえながら、何気なく自宗の本尊をそこに組み込んでいく桑梁の姿勢には、引用をもって直接的な自己表現に充てる前近代人の価値観が窺える。

それはともかく、真宗学僧にとっての国史・神書は、自説を展開する上で重要なアイテムだったから、ついには以下のような主張さえ登場する。例えば『神仏水波弁』に、「惟ニ夫神仏一致ノ本迹相成ハ、神宣帝勅ヨリ出テ、国史ノ記スルトコロ、良典ノ許ス処ニシテ仏者ノ私立ニアラス」という一節が確認できる[52]。また『垂釣卵』にも、「本迹ヲ以テ神仏ノ分斉ヲ部判スルコトハ、神明ノ託宣、朝家ノ大摸ナリ、何ゾ釈氏ノ私ナラン」という発言がみえる[53]。ここで真宗学僧が熱弁するのは、「弥陀一向」の教義に基づく排他的な神祇信仰不要論ではない。むしろ「国史ノ記スルトコロ、良典ノ許ス処」をみても、神仏が一致するのは確かだから、神道家の仏教批判は無意味だというわけである[54]。もはや述べるまでもないが、真宗学僧の国史・神書引用は、けっして否定的な評価を加えるための行為ではなく、そこに依拠した自説展開を目的としていたことになる。

最後に、崇神天皇六年の天照大神倭笠縫邑遷座[55]や、天武天皇十四年（六八五）の「仏舎供養」の詔[56]、『百錬抄』に載る長元四年（一〇三一）の藤原相通夫妻の流罪[57]などが同様の傾向を持つ引用箇所として挙げられる。ちなみに、これらはいずれも、なぜ真宗が家内に神棚を安置しないのかという神道家の糾弾に、国史・神書を引用して答えたものである。

例えば、前節でも触れた天照大神倭笠縫邑遷座について、誓鎧の『神道俗談弁』では、以下のような言及がみられる。

上古ハ天照大神ト。大和国魂神ヲ。天子ノ大殿ノ内ニ並べ祭リ玉ヒシカ。第十代崇神天皇ノ御宇。神威ヲ恐レ玉ヒ。即位六年ニ。天照大神ヲハ豊鍬入姫ノ命ニ託リテ。倭ノ笠縫ノ邑ニ祭リ玉ヒ。日本ノ大国魂ノ神ヲハ。渟名城入姫命ニツケマツリテ祭リ玉フト。日本紀五ニ見エタリ。

そして彼は、「カクノコトク天子サヘ同居ヲ憚リ玉フニ。平人ノ分トシテ。神ト同居スルハ恐レ多キコトナリ」という結論を導き出していく[58]。つまりここでは、尊重すべき国史上の記事として、天皇さえ宅内への神宮併置を憚った逸話が紹介される。その上で、真宗の神棚不安置は神を敬い恐れるためだという、自己正当化の論理が導き出されるのである。

また『神仏水波弁』には、以下のような引用がある[59]。

日本紀二十九云、天武天皇十四年詔諸国、毎家作仏舎、乃置仏像及経、以礼拝供養セヨト。如此厳勅、神棚ノ典拠ナキヲ例シテ安仏ノ帝勅ニヨルヲ誣罔スルコト勿レ。

ちなみに、この『日本書紀』天武天皇十四年の詔については、「諸国毎家」を国府とみるか公卿らの私宅とみるか、いまだに見解が分かれるようである。ただここで重要なのは、天武天皇十四年という時期に、事実としてどこまで仏舎設置が定着したかではない。むしろ問題は、真宗学僧が国史・神書に依拠してどのような自己正当化の論理を導き出したかである。以上のように考えるなら、天武天皇十四年の詔は、彼ら真宗学僧にとって、間違いなく仏壇安置が（神棚安置に先んじて）天皇の勅許を得た画期だったことになる。

最後に『雪窓夜話』では、以下のような主張が確認できる(60)。

長元三年ニ。斎宮ノ頭相通ノ妻。ヒソカニ大神宮ノ宮殿ヲ宅内ニツクリ。愚民ヲ惑ハス。ソノ罪フカシトテ。相通ハ伊豆ノ国。ソノ妻ハ隠岐国ニ配流セラル、コト。百練鈔ニ見ヘタリ。シカレハ大神宮ヲ安置スルハ。厳カナル王法ノ制ナリ。当宗ニハ第一ニ王法ヲ守ル。故ニ安置シ奉ラサルナリ。

ここでは、私宅内に大神宮を安置した斎宮頭が処罰されたという『百錬抄』の記事が引用され、真宗門徒が神棚を安置しないのは法律を遵守するからだと結論される。もっとも、藤原相通夫妻が流罪となったのは、斎宮頭という地位を利用して私宅内に偽りの宝殿を設け、愚民たちをだましたからであり、神棚の設置が全般的に違法だったわけではない。しかし繰り返すまでもなく、ここで重要なのは真宗学僧が展開する自己主張の行方なのであり、その点で『百錬抄』の記事もまた、神棚不安置を国史・神書に基づいて正当化し得る格好の素材だったといえる。

ところで、天照大神倭笠縫邑遷座、「仏舎供養」の詔、藤原相通夫妻流罪という三つの出来事に関しても、行基の伊勢参宮同様に、その引用率はきわめて高い。天照大神倭笠縫邑遷座に至っては、本章で取り上げた神道論すべてがそれを引用している。時期的・地域的に幅を有するこれらの神道論が、当時の真宗学僧の共通認識を示すかのように、国史・神書の引用箇所を定型化させていく事実は興味深い。それだけ彼らの国史・神書考証に対する取り組みは、旺盛かつ緻密だったことになる。

さてここまでの考察で、他の宗教要素に徹底して不寛容という従来の真宗イメージに反する、学僧たちの神祇信仰認識が明らかとなった。すなわち、彼らは熱心に国史・神書の考証を進め、その叙述に依拠しながら、神道批判の論理を導き出していた。こうした事実自体については、真宗教学史の立場からすでに指摘があるのだが、当然ながら評価はきわめて否定的である。例えば柏原祐泉氏は、「神祇崇拝に組する神道論と真宗との融合思想は、本来、宗祖親鸞の教説からは出てこない性質のものであって、あくまで幕藩体制の構造を自らの体質とした教団体制のなかから生み出された思想として、注目する必要がある」と発言し[61]、また「一致論は（中略）時代に対する仏教独自の発言力を明示することは少なく、近世思想の主流をなす儒教や国学への接近を試みることで、消極的に仏教の存在意義を説くことに終わったものといわねばならない」と主張する[62]。

なるほど近世仏教が、幕藩体制への組み込みや排仏論への対抗を重要な契機としつつ自己形成してきた側面は、筆者も否定しない。しかし、学僧たちが国史・神書を大量に引用して神仏一致論を展開するという、従来の真宗イメージと異なる事実に対して、「本来、宗祖親鸞の教説からは出てこない」

と断言し、「近世思想の主流をなす儒教や国学への接近を試みる」ものだと結論するのは、少々一面的な評価ではないだろうか。むしろ注目すべきは、真宗学僧の神道論が多様な立場から著されつつ、国史・神書の引用においてみごとに共通の認識枠を形成した点であり、また、けっして知名度の高くない記事を熱心に考証したその姿勢であろう。

以上のごとく、真宗学僧の考証的な学問姿勢に着目する筆者にとって、表智之「〈歴史〉の読出し／〈歴史〉の受肉化」の主張はきわめて示唆的である。(63) すなわち表氏は、十八世紀末から十九世紀初頭という時期に「儒学・仏教・神道・国学・文学……それぞれの領域で、まるで示し合わせたかのように人々が起源や来歴をめぐる探求に没頭していく」と指摘し、彼らを学問カテゴリーにこだわることなく〈考証家〉と一括して呼称する。つまり、同氏が〈考証家〉の時代と捉えた文化年間前後に、諸学問はこぞって考証への情熱を高めたのであり、埋没という表現を用いるなら、仏教も儒学も神道もすべからく考証という手法に埋没していたのである。このように考えると、真宗学僧の国史・神書引用を神道思想への傾斜とのみ評価するのは、やはり一面的である。多様な原典の引用から自己主張を導き出す新たな学問様式が誕生した時代に、真宗もまた、その様式に準拠しながら、独自の神道批判を展開していったのである。

同時に、こうした国史・神書の引用や神仏一致論の多用が、苦し紛れの選択ではなく、むしろ既得権益者からする高圧的な神道批判だった点にも、再度言及しておこう。既述の通り、仏教が幕藩制国家イデオロギーの中に占める位置は近世を通じて盤石であり、村落社会における宗教実践の場面でも僧侶の影響力は神職・修験などの宗教者を凌駕するものだった。上記のような現状を前提として、仏

＝本地、神＝垂迹という中世的な神仏習合ヒエラルヒーを持ち出すことは、十分に自己の優位性を確保し得る神道批判だったのである。(64)

おわりに

本章では、ある著述を閉ざされた一個の完成品とみるのではなく、むしろ様々な書物引用によって徐々に整っていく構築物と捉えて分析してみた。こうした手法を選択する上で、筆者に最も大きな示唆を与えてくれたのが、若尾政希『「太平記読み」の時代』(65)である。同書は「ある一つの思想を歴史的に位置づけるには、基礎作業として、その思想がその時代においてどのようにして形成されたかを解明する作業が必須である」という問題意識を掲げ、池田光政・山鹿素行・熊沢蕃山・河内屋可正ら江戸時代人の思想形成に『太平記評判秘伝理尽鈔』（『太平記』講釈のネタ本）が与えた多大な影響力を論じていく。

若尾氏の試みは、『理尽鈔』を手がかりに頂点的思想家研究と民衆思想研究の統合を図る壮大なものだが、同書から筆者なりに学び得た視点をまとめておくと以下の通りである。

すなわち、従来の思想史研究において重視されたのは、朱子学から徂徠学へにせよ、本居宣長から平田篤胤へにせよ、思想発展における「縦の流れ」であった。それに対して同氏は、思想の「横の広がり」にも目を向け、単線的な系譜に留まらず、基盤としての社会常識まで考察対象としていく。(66)

そこで本章でも、「横の広がり」を念頭に置き、真宗学僧の神道論を成り立たせる思想的基盤の掘り起こしに努めたわけである。そして、その結果たどり着いたのが、国史・神書の大量引用に依拠した彼らの神道批判であった。

もっとも、宗祖親鸞の思想が、近世・近代に至りどのように変遷していくかという「縦の流れ」に注目するなら、真宗学僧の国史・神書引用は、本来あるべき姿からの乖離や堕落と結論されるものかもしれない。しかし、親鸞思想を万能のものさしとして用い、それ以降の乖離や貫徹を論じる手法では、近世真宗が一時代の中で試みた様々な営為を評価し得ないのではないだろうか[67]。

以上のような問題意識に基づき、本章ではあえて思想の「横の広がり」へと目を向けた。そして、こうした方向転換により、真宗学僧の国史・神書引用が当時盛行していた学問様式に準拠するものであり、また神道批判の論理としても十分に有効であったという、新たな側面を指摘し得たと考えている。

註

（1）本書序章参照。
（2）柏原祐泉「近世真宗における神祇への対応」（同『真宗史仏教史の研究』Ⅱ、平楽寺書店、一九九六年）。
（3）五来重『仏教と民俗』（角川書店、一九七六年）。
（4）佐藤弘夫『アマテラスの変貌』（法藏館、二〇〇〇年）。
（5）日野龍夫「偽証と仮託」（同『江戸人とユートピア』、朝日新聞社、一九七七年）。
（6）妻木直良編『真宗全書』五九（蔵経書院、一九一三年）所収。以下、『辟難対弁』については同書解題を参照した。

（7）福間光超「近世末期の神仏関係」（『龍谷史壇』五二、一九六四年）。なお、真宗学僧の教説と神棚おろし発生の関係については、本書第二章でも考察を加えた。
（8）広島県廿日市市蓮教寺所蔵『蓮教寺文書』。
（9）鳥鼠義卿『芸備の真宗学侶』（立善寺、一九六六年）八二～八九頁。
（10）妻木直良編『真宗全書』六二（蔵経書院、一九一三年）所収。以下、『雪窓夜話』および桑梁については同書解題を参照した。
（11）註（6）前掲書所収。以下、『神道俗談弁』および誓鎧については同書解題を参照した。
（12）引野亨輔「近世後期の神道講談と庶民教化」（『日本宗教文化史研究』一二、二〇〇二年）、同「講釈師」（横田冬彦編『身分的周縁と近世社会』五、吉川弘文館、二〇〇七年）参照。
（13）柏原祐泉編『真宗史料集成』一〇（同朋舎、一九八三年）所収。以下、『神仏水波弁』および南渓については同書解題を参照した。
（14）妻木直良編『真宗全書』六一（蔵経書院、一九一三年）所収。以下、『垂釣卵』および曇龍については同書解題を参照した。
（15）註（6）前掲書、四六四頁。
（16）註（14）前掲書、五五頁。
（17）『中世神道論』（日本思想大系一九、岩波書店、一九七七年）。例えば同書では、『天元神変神妙経』『地元神通神妙経』『人元神力神妙経』という架空の経典が紹介され、秘伝継承者たる吉田家の特権化が図られている。
（18）註（13）前掲書、三八五～三八七頁。
（19）岡村敬二『江戸の蔵書家たち』（講談社、一九九六年）。
（20）慶應義塾大学斯道文庫編『江戸時代書林出版書籍目録集成』一～三（井上書房、一九六二年）。
（21）近世前期における仏教書出版の隆盛とその後の動向については、引野亨輔「近世日本の書物知と仏教諸宗」

(『史学研究』二四四、二〇〇四年)でも、若干の考察を加えた。

(22) 以下、『和論語』については勝部真長『和論語の研究』(至文堂、一九七〇年)を参照した。

(23) なお、前田勉「宣長における「心だに」の論理の否定」(同『近世神道と国学』、ぺりかん社、二〇〇二年)によれば、本居宣長は、神の実在性を希薄化させる「心だに」のご神詠を徹底否定する過程で、自らの神道論を発展させたという。この事実と併せて考えると、同じご神詠に対する真宗学僧の対照的な姿勢は、さらに興味深い。

(24) 佐々木馨「中世仏教と神祇」(同『中世仏教と鎌倉幕府』、吉川弘文館、一九九七年)。

(25) 註(6)前掲書、四六九頁。

(26) 註(14)前掲書、三四一頁。

(27) 註(13)前掲書、三九四～三九五頁。

(28) 『沙石集』(日本古典文学大系八五、岩波書店、一九六六年)七七～七九頁。

(29) 以下、『神国決疑編』と竜煕近については、松本素彦「竜煕近の国学」(『國學院雑誌』四七―九、一九一四年)を参照した。

(30) 以下、『護法資治論』と森尚謙については、前田一良「森尚謙と護法資治論」(同『日本近世思想史研究』、文一総合出版、一九八〇年)を参照した。

(31) 以下、『両部神道口決鈔』と源慶安については、國學院大学日本文化研究所編『神道事典』(弘文堂、一九九四年)「両部神道」の項を参照した。

(32) 義江彰夫『神仏習合』(岩波書店、一九九六年)。もっとも、神仏習合を仏教＝普遍宗教が神祇信仰＝基層信仰を取り込んだ結果とみる義江氏の見解には、若干の違和感も感じる。むしろ、仏教サイドからの働きかけ以前に自立的な神道など存在せず、本地垂迹説によって仏教の一分派としての神道が初めて誕生したとする、黒田俊雄「中世宗教史における神道の位置」(同『日本中世の社会と宗教』、岩波書店、一九九〇年)の見解が、筆者にとってはより説得的である。
(33) 小笠原春夫『神道信仰の系譜』(ぺりかん社、一九八〇年)。
(34) 河野省三「江戸時代の神仏一致派」(同『神道史の研究』、中央公論社、一九四四年)。
(35) 小野将「近世の「国学」的言説とイデオロギー状況」(『歴史学研究』七八一、二〇〇三年)。
(36) 井上寛司「中世末・近世における「神道」概念の転換」(同『日本の神社と「神道」』、校倉書房、二〇〇六年)。なお、丸山真男『日本政治思想史研究』(東京大学出版会、一九五二年)の時点で揺るぎない通説だった「儒学=江戸時代の国教」観が、後に尾藤正英『日本封建思想史研究』(青木書店、一九六一年)やヘルマン・オームス『徳川イデオロギー』(黒住真他共訳、ぺりかん社、一九九〇年)によって徹底的に否定された現状を踏まえると、仏教こそ江戸時代の国家イデオロギーであったとする井上氏の指摘は、よりいっそう説得的なものとなる。
(37) 引野亨輔「近世日本の地域社会における神社祭祀と神職・僧侶」(『仏教史学研究』四七―一、二〇〇四年)。
(38) 『日本書紀』下(日本古典文学大系六八、岩波書店、一九六五年)一〇〇～一〇三頁。
(39) 同前書、一八〇～一八七頁。
(40) 『続日本紀』三(新日本古典文学大系一四、岩波書店、一九九二年)六四～六五頁。
(41) 註(14)前掲書、一四三～一四四頁。
(42) もっとも、吉村武彦『聖徳太子』(岩波書店、二〇〇二年)が指摘するように、近世になると一部の儒者は聖徳太子を「天皇弑逆者」であると痛烈に批判した。それを考慮すると、少なくとも近世知識人層にとって、すでに聖徳太子は無条件の信奉対象ではなかっただろう。
(43) 註(13)前掲書、三九六頁。
(44) 『続日本紀』四(新日本古典文学大系一五、岩波書店、一九九五年)一二八～一二九頁。
(45) 『神皇正統記・増鏡』(日本古典文学大系八七、岩波書店、一九六五年)八〇～八一頁、『神道大系　藤原惺

(46)窩・林羅山』(神道大系編纂会、一九八八年)五三～五四頁。
(47)註(13)前掲書、三八八頁。
(48)註(14)前掲書、二九六～二九七頁。
(49)註(10)前掲書、四七九～四八〇頁。
(50)西田長男『日本神道史研究』四(講談社、一九七八年)。
(51)辻善之助「本地垂迹説の起源について」(同『日本仏教史之研究』、金港堂書籍、一九一九年)。
(52)西田註(49)前掲書。
(53)註(13)前掲書、三八三頁。
(54)註(14)前掲書、二七二頁。
なお、石見国浜田藩領での真宗僧侶・国学者争論を取り上げた小林准士「知の国学的展開と近世後期の地域社会」(『歴史学研究』七八一、二〇〇三年)も、その争点が「国史記録律令格式」との整合性に収斂することを指摘している。
(55)註(38)前掲書、四六八～四六九頁。
(56)『日本書紀』上(日本古典文学大系六七、岩波書店、一九六七年)二三八～二三九頁。
(57)『新訂増補国史大系』一一(吉川弘文館、一九二九年)一八頁。
(58)註(6)前掲書、四九二頁。
(59)註(13)前掲書、四二〇頁。
(60)註(10)前掲書、四八六頁。
(61)註(13)前掲書、二〇～二一頁。
(62)柏原祐泉「護法思想と庶民教化」(『近世仏教の思想』、日本思想大系五七、岩波書店、一九七三年)。
(63)表智之「〈歴史〉の読出し／〈歴史〉の受肉化」(『江戸の思想』七、ぺりかん社、一九九七年)。

(64) もっとも、本書第三章で述べるように、神祇信仰に寛容な真宗談義本が学僧によって徹底的に非難される動きも、同時期には存在した。ただし、こうした談義本批判の中で強調されるのは、内容が密教的であるとか浄土宗的であるといった点であり、彼ら学僧の意識はもっぱら仏教他宗派に対する自宗の独自性確保に向いていた。他方、本章で扱ったように、直接的な神道批判が展開される時、学僧が用いた論法は、排他的な神祇信仰拒絶ではなく、やはり仏＝本地、神＝垂迹という神仏習合的なヒエラルヒーの強要であった。

(65) 若尾政希『「太平記読み」の時代』(平凡社、一九九九年)。

(66) もちろん、両者のどちらか一方が、より適切な手法だということではなく、「縦の流れ」と「横の広がり」が相互補完的に分析された時、より高度な思想史研究が成り立つと、筆者は考えている。

(67) 親鸞思想の革新性を根拠として、近世真宗を論じていく方法の問題点は、すでに本書序章で述べた。

第二章　近世真宗における神祇不拝の実態

はじめに

これまでの近世仏教史研究において、真宗は親鸞思想の革新性や中世一向一揆の反権力性に引きずられ、きわめて特異な存在として描かれることが多かった。そして、近世仏教が幕藩権力の統制により堕落・形骸化したという通説に対し、真宗信仰の例外的な旺盛さが強調されてきた(1)。

例えば、太宰春台『聖学問答』の次のような一節は、近世真宗の特殊性を裏付ける史料として、頻繁に引用されるものである(2)。

日本ノ仏者ノ中ニ、一向宗ノ門徒ハ、弥陀一仏ヲ信ズルコト専ニシテ、他ノ仏神ヲ信ゼス。如何ナル事アリテモ、祈禱ナドスルコト無ク、病苦アリテモ呪術・符水ヲ用ヒズ。愚ナル小民・婦女・奴婢ノ類マデ皆然ナリ。是親鸞氏ノ教ノ力ナリ。

ここでは、「弥陀一仏」の教義を強く自負し、神頼みや祈禱に無関心な真宗門徒の姿が、太宰春台の簡潔明瞭な叙述によって描き出されている。真宗教団にとって部外者にすぎない彼のこうした発言は、一見端的に真宗の特殊性を立証するかのようにみえる。しかし、客観的な第三者の観察が、常に信頼し得る史料とは限らない。というのも、引用した一節のすぐ後には、「今純（太宰春台――引用者注）ハ一向宗ニアラザレドモ、孔子ヲ信ズルコト、彼等ガ弥陀ヲ信ズル如ク、鬼神ニ遠ザカリテ祈禱祭祀セザルコト、全ク一向門徒ノ如シ」という自己主張が続くからである。つまり太宰春台は、真宗門徒に仮託して自らの「儒教的合理主義」を語っているのであり、それをそのまま合理的な真宗信仰の証拠とするのは、やや性急であろう(3)。

そこで本章では、特殊な真宗という強固なイメージを前提にすることなく、むしろ近世固有の時代状況や当該地域特有の社会構造に留意して、神祇不拝――「弥陀一向」の真宗門徒が他のいかなる神仏も崇拝しないという信仰態度――の再検討を行ってみたい。

具体的には、明和年間（一七六四～七二）に安芸国で起こった神棚おろし運動を、主な考察対象とする。この神棚おろしとは、「弥陀一向」の教義を有する真宗門徒が、宅内に安置されていた神棚を廃棄していった事件で、同時期には安芸・石見・出雲とかなり広い範囲で展開された。安芸では広島城下を中心として、藩領全域に影響を及ぼした事件とされている(4)。

以上から明らかなように、排他的に他の宗教要素を廃棄する神棚おろしは、特殊な真宗信仰の典型例として取り上げられてきたものである。本章では、あえてその典型例に焦点を絞ることで、真宗の特殊性の内実に迫るつもりである。

第一節　神棚おろしの通説的理解

本格的な考察へと進む前に、本節では、神棚おろしの通説的な理解を把握しておく。「備前法華に安芸門徒」と呼ばれるように、安芸国は全国でも有数の真宗優勢地帯である。有元正雄氏は、真宗寺院率四〇％以上を基準単位として、①北陸、②西中国、③中北部九州、④近畿、⑤東海の五つの地帯を真宗門徒地帯として措定しているが、その中でも北陸と並んで高く評価されるのが西中国門徒地帯である。そして、西中国門徒地帯の中核的な存在が安芸であり、沼田・高宮（いずれも現在は広島市）・山県の三郡に至っては、真宗寺院率が九〇パーセントを超える。この三郡以外でも、各宗派の触頭寺院が集中する広島城下（真宗寺院率五〇パーセント）を除くと、全郡で真宗寺院率は七〇〜八〇パーセントであり、他宗派を圧倒する安芸真宗勢力の傑出度がよくわかる（表3参照）。しかも、安芸は真宗寺院率のみならず、教化組織も整備され、門徒の篤信度もきわめて高いとされる(5)。

真宗信仰の特殊性・排他性を前提とする従来の研究では、以上のような真宗勢力の圧倒的優位を背景に、ある種狂信的な神棚おろし運動が起こったと捉えるわけである(6)。

さて、安芸真宗史の一こまとして、郷土史レベルでも頻繁に取り上げられる神棚おろしだが、明和年間の直接的な史料が意外なほど乏しい点には、注意しておかねばならない。例えば『無題日記』四巻は(7)、明和三年（一七六六）の出来事として「真宗教化之儀付一両年前方ゟ色々の事を申出し同行を進め込、門徒之内ニハ神棚を除き、或ハ伊勢之御祓を受来りし者断りて不受、又ハ釜払も此後ニハ

表3　西中国門徒地帯の郡別真宗寺院率

真宗寺院率／国名	40%～	50%～	60%～	70%～	80%～	90%～
出雲		飯石				
石見	邇摩・安濃 那賀	美濃・鹿足		邑智		
備後	安那・芦田	品治		三次		
安芸		広島		佐伯・賀茂	安芸・高田	沼田・高宮 山県
周防	大島・玖珂	熊毛				
長門	阿武		豊浦	厚狭・大津	美祢	

（有元正雄『真宗の宗教社会史』より転載）

御出ニ不及と申、先祖之墓を取除申様成事盛ニ成」という当時の風潮を描き出している。ちなみに、こうした真宗門徒の神祇軽侮を教戒するため、同年にはわざわざ輪王寺門跡から使僧まで派遣されたという。また「加計万乗」三巻にも[8]、やはり同年のこととして「広島寺町報専坊・塩屋町専正寺・細工町西光寺等神棚・大麻・位牌可取除と法談ニせし咎ニ依て閉門被申付」という神棚おろし関連の記事がみえる。実はこれらが、明和年間の神棚おろし発生を証拠付けるほとんど唯一の史料なのである。

ところで、「加計万乗」が神棚おろしの主導者と指摘する「寺町報専坊・塩屋町専正寺・細工町西光寺」の三カ寺のうち、報専坊の住職は当時学僧として名高かった慧雲である。彼は安芸の神棚おろしを語る上で欠かせない人物なので、より詳しい紹介を加えておこう[9]。慧雲は広島城下の名利報専坊で住職を務めるかたわら、寺内に学寮甘露社を設けて多数の門下を育成した真宗学僧である。その門下が「芸轍」と呼ばれる一大学派を形成したため、慧雲は「芸轍の鼻祖」と称される。また、郡部の真宗信仰活性化を目指し、村ごとに門徒教化の組織として化境制—小寄講を整備した人物ともされる（化境制については後述）。そして、何よりも神棚不安置の教導は有名であり、現在も「神棚おろしの報専坊」の名で親しまれている。

ちなみに、慧雲に対する通説的な評価を『広島県史』近世二から窺っておくと、以下の通りである。多数にのぼる慧雲の著述中には、いわゆる「神棚却し」などに関する講説はみられないが、「一心一向ニ弥陀ヲタノミタテマツリテ、ソノホカ余ノ仏菩薩諸神等ニモココロヲカケズシテ、タゞヒトスヂニ弥陀ニ帰」すべきことを説いた蓮如上人の真意を強調し、「コ、ロウベキ次第ハ、マヅホカニハ王法ヲ本トシ、諸神諸仏菩薩ヲカロシメズ」といわれたことを軽視するような説教を慧雲などが行ない、門下の学侶や住職が同調したことは十分に考えられるところである。[10]

ここでは、唐突に蓮如の『御文章』が引用され、慧雲による神棚おろし煽動の可能性が示唆される。しかし、彼自身の教説について触れた箇所は全くなく、実証的な分析とは呼びがたい。直接的な史料を不足させつつ、「神棚おろしの報専坊」という印象的な呼称に（さらにいえば、真宗信仰とは本来排他的なものだという固定観念に）引きずられた結果、慧雲と神棚おろしを短絡的に結び付けてしまったといえる。

次に、初めて安芸の神棚おろしについて本格的な分析を加えた、児玉識氏の見解を確認しておきたい。[11] 同氏の特徴は、前述した慧雲の業績中でも化境制—小寄講の整備に注目し、それと神棚おろしの発生とをリンクさせる点にある。

安芸真宗独特の用語である化境制について、児玉氏の言葉を借りながら解説を加えると、「区域を限って、最寄りの寺院がその区域内の全戸を「預り門徒」として、それぞれの檀那寺に代って年忌法要やお取越しを勤め、またその区域内の講中での在家説法も担当する制度」ということになる。より具体的に述べるなら、例えば安芸北部の加計村には広島城下報専坊の檀家が多数存在する。しかし、彼らの日常的な法務まで報専坊が担当することは、ほとんど不可能である。そこで、前述したところの最寄りの寺院が、化境寺として、本来寺檀関係のない門徒の日常的法務を代行するわけである。また、同じく真宗独特の用語である小寄講とは、これも本来の寺檀関係を超えて地縁的に門徒二〇〜三〇軒単位で結成され、最寄りの寺院を当番の家に招いて法話聴聞する組織である。[12] 化境制下において、法話を行う最寄り寺院は、必然的に化境寺となるから、その意味で小寄講とは化境制の基礎単位であり、下部組織ということになる。

化境制―小寄講の基本構造とは上記のようなものであるが、児玉氏によれば、これは本来の「法縁的寺檀関係」とは異なる「地縁的寺檀関係」だという。そして、慧雲が城下有力寺院中心の「法縁的寺檀関係」から「地縁的寺檀関係」への移行を成功させたことにより、地方小寺院の地盤強化・独立化が可能となり、地方門徒の思想的主体性も確立したとされる。以上のような動向を踏まえ、同氏は、門徒の主体化進展が、特殊な真宗教義の追究に繋がり、ついに明和年間の神棚おろしを可能にしたと結論する。

児玉氏が提示する神棚おろし発生への道筋は、なるほど地域社会の動向を細やかに捉えた明快なものである。しかし、これまでの近世仏教史が真宗の特殊性を過度に強調してきたという筆者の問題意識に立ち返ると、同氏の説得的な見解にも、一つの疑問点が浮かび上がる。すなわち、地方門徒の主体化が進展すると神棚おろし発生に繋がるという同氏の立論には、それを支える論拠として、真宗信仰は日本の諸宗教の中でも特殊で、他宗他派からの孤立や権力の弾圧を招きやすいという固定観念が存在する。だからこそ、真宗教義が内部成熟していく必要条件として、化境制―小寄講の整備が特筆されるのである。しかし、真宗の純化は、はたして神棚おろしを必然化させるのだろうか。この点こそ第一に検討されるべき問題かと、筆者は捉えている。

以上、『広島県史』の評価にせよ児玉氏の評価にせよ、そこには真宗信仰の特殊性が、神棚おろしを必然化させるという強い固定観念が存在した。しかしその一方で、慧雲が実際にどのような教導を行ったか、明和年間の安芸に神棚おろしが発生する固有の条件は何かに関して、必ずしも十分な考察は行われていない。

そこで次節では、ひとまず慧雲の教説に着目し、「神棚おろしの報専坊」と呼ばれる彼の神祇信仰認識を探ってみたい。

第二節　慧雲の教説の再検討

既述の通り『広島県史』では、慧雲の教導と神棚おろしとが、あまりに短絡的に結び付けられていた。しかし、「神棚おろしの報専坊」とまで呼ばれる慧雲の教説が、はたしてそれを引き起こすほど過激なものであったかどうかは、いまだ精緻な検討を経ていない。そこで本節では、慧雲の教説を分析し、神棚おろし発生を慧雲個人のパーソナリティーに還元し得るかどうか考察してみたい。

さて、慧雲に付された「神棚おろし」の呼び名は有名であるが、明和年間の神棚おろしを示す史料は先に挙げたように少なく、慧雲の神棚観を端的に読み取れる史料もまたわずかである。その中でも比較的よく彼の教説を窺い得る史料として、「摂州乗雲勧化ニ付報専坊慧雲師ゟ被申上候書記覚」を取り上げてみたい(13)。同史料は、慧雲の弟子乗雲が神棚おろしを門徒に勧めたという噂に対し、広島藩が師の慧雲に釈明を求めたものである。藩権力への釈明という史料的制約はあるものの、まずここから慧雲の神棚おろしに対する見解を探ってみる。

慧雲は「神棚之事専修一向之宗風ニおゐてハ寺院ニも鎮守等を不置、在家ニも神棚等を不安置候」と明言するので、神棚不安置の立場を取ることは確かである。ただし、不安置の理由を、「是皆南無阿弥陀仏之六字之内ニ籠り候と領解仕事諸国一統之儀ニ御座候」とする点には留意が必要であろう。つまり、鎮守にせよ神棚にせよ、すべて南無阿弥陀仏の六字に内包されているから、別段安置する必然性がないというわけである。

このように慧雲の神棚観が、他力本願の立場から「雑行雑修」――阿弥陀仏以外の仏神への崇拝――の無意味さをいうのではなく、むしろ念仏の包括力を前面に押し出して神祇信仰をも包摂していくものである点に、筆者は注目したい。「弥陀一仏に一切の諸神籠れり」という論法は、蓮如の『御文章』の中にも頻繁にみられるもので、真宗の論理として取り立てて珍しいものではない。しかし、神頼みの無意味を確信した上での神祇信仰否定と、阿弥陀仏が神祇の役割をも代替してくれるため神棚が不必要なのとでは、明らかにその立場は別物であろう(14)。もちろん、弥陀一仏への諸神諸仏の取り込みが最終的に神棚不安置へと繋がることは、筆者も否定しない。しかし本節では、慧雲の思想があくまで過激な神祇信仰排除ではなく、むしろそれを包摂的に取り込むものだったことを、改めて確認しておきたい。

さらに慧雲は、以下のような論法も用いて神棚不安置を正当化する。

日本記第五ニ、崇神天皇六年迄ハ大神宮を天皇大殿之内ニ祭られしに、連年疫病兵火ありしかバ、天皇同住を恐れ思召て倭笠縫之邑に移し祭られし事相見へ候、天子だにも同住を恐れ給ふ、いわんや卑民之家をや、仏門にハ慈悲ヲ重し候へハ在家ニ仏壇等を安置いたし候得共、神棚ハ清浄潔白を好ミ汚穢不浄を忌申ス事眼前ニ候上ハ、別殿抔営勧請するハ格別、左様なく同屋ニ住居仕候事恐ある事と被存候

ここでは、崇神天皇が大神宮との「同住」を恐れたという『日本書紀』の記述が引き合いに出され、天皇でさえ同住を恐れる神祇と「卑民之家」で同住することができようかと、真宗門徒の神棚不安置が正当化される。つまり、真宗門徒が宅内に神棚を安置しないのは、神祇を軽んじるからではなく、逆に他宗他派より強く敬うからだという理屈になる。以上のような慧雲の主張からも、やはり神棚おろしという過激な運動を支えるラディカルな論理は抽出できない。ちなみに、彼が『日本書紀』という国史中のあまり知名度も高くない記事を的確に引用し、神棚不安置の立場を巧みに正当化している点も興味深い(15)。

ただし、既述の通り、この史料は藩権力への釈明という制約を有するものであり、より明確な論争書との比較検討で、真宗学僧の神祇信仰認識を再確認することが望まれる。そこで、次に取り上げたい史料が、仰誓『僻難対弁』である(16)。

まず、著者である仰誓の経歴について簡単に触れておくと、(17) 彼はそもそも西国教化のため宝暦十一年（一七六一）に西本願寺より石見国浜田藩領に派遣された学僧であり、それを契機として同国市木村の浄泉寺に住職として永住することとなった。また、後述する浜田宗論において、浜田藩領の真宗門徒に神祇軽侮傾向が強まったのは、仰誓の教導によるところが大きいとされ、慧雲と同じく「神棚おろしの仰誓」の名を付される。その仰誓が浜田周辺で刊行流布していた神道家による真宗破斥の書に抗弁したのが、『僻難対弁』である。ちなみに同書は明和二年（一七六五）の成立であるから、慧雲と同時期に活躍した真宗学僧による、より純粋に論争的な著述といえる。慧雲の教説を推し量るには、格好の史料であろう。

以上のような理由から、仰誓『僻難対弁』にみえる神祇信仰認識を、慧雲のそれと比較検討してみたい。例えば、同書には、以下のような主張がみえる。

何ノ神カ後世菩提ヲ求。念仏スルコトヲ喜ヒ玉ハサランヤ。コノユヘニ当流ノ門人。一心ニ弥陀ヲ頼。念仏スル輩。トリワケ神明ヲアガメザレトモ。弥陀一仏ヲ信スルニ。一切ノ諸神諸仏ニ帰スルイハレアルガユヘニ。タノマザレトモ擁護ニアヅカルナリ。

ここから、「弥陀一仏」の中に諸神諸仏を包摂することで、神祇信仰への傾斜を牽制する仰誓の姿勢が明白に読み取れる。前述した慧雲の主張は、けっして藩権力への釈明だから登場したものではなく、一般的な真宗学僧の神祇不拝正当化であったことがわかる。

また同書は、『日本書紀』崇神天皇六年という慧雲と全く同じ箇所を引用し、「代々ノ天子スラ徳ニオソレテ。同シ御殿ニ安置シタマハヌトナリ。イハンヤ輒ク民家ニ安置スヘケンヤ」と民家における神棚安置の「不敬」を主張する。敬するがゆえに拝まずという慧雲の論理を、仰誓も同様に共有しているのである。ちなみに、『日本書紀』の同記事については、安芸の学僧雲幢の『祈禱弁附神棚弁』(18)にも引用されている。

日本記第五巻ニ崇神天皇六年マテハ太神宮ヲ天皇大殿内ニ祭ラレシニ。天皇神職貴ヒ同住ヲ恐レ思召シ。山跡笠縫邑ニ移シ祭リ玉ヒシト云々。

という箇所がそれである。以上の分析から明らかなように、大神宮倭笠縫邑遷座という『日本書紀』の叙述は、当時の真宗学僧によって、神道批判の常套表現に用いられていたのである。

さてここまでの考察により、慧雲の教説の特質は、十分解明されたと思われる。すなわち、神頼みの自力性を確信させ、それを排除する革新的傾向は乏しく、むしろ弥陀一仏の中に神棚の機能までをも包摂する論理が、彼の教説の支柱だった。また、他の宗教要素に排他的とされる真宗学僧が、国史上の記事を引用して神祇不拝を正当化している点も興味深い。しかも、そこから導き出された論理は、神祇を敬するあまり「卑民之家」に神棚を安置しないというものであった。

以上、本節では慧雲の思想と神棚おろし発生の内的な連関性を探るべく、彼の教説復元に努めてきた。しかし、得られた結論とは、彼の教説が神棚おろしという過激な行為を支える排他性には乏しく、また伝統的な真宗の論理と比べて特筆すべき革新性もないというものであった。そうであれば、『広島県史』のように明和年間に初めて起こった安芸の神棚おろしを、慧雲のパーソナリティーへと還元することはできない。そこで次節では、事件が発生する神棚・仏壇という場に注目点を移動させ、全く別な角度から神棚おろしの意義を探ってみたい。

第三節　神棚と仏壇をめぐって

前節では、慧雲の教説を再検討し、それが神棚おろし発生の主要因とはなり得ないことを指摘した。それでは、明和年間の安芸に事件を促すどのような条件が存在したのだろうか。本節では、まず安芸の在郷町竹原で起こった「真宗一件」に注目してみる。この事件は、真宗門徒の神祇不拝が中心的な争点となり、竹原下市の村役人と真宗寺院の間で展開した争論なのだが、発端は天明八年（一七八八）六月に広島藩から出された神祇軽侮教戒の触書にある。触書の内容は以下の通りである。[19]

覚　広島町廻り候触書

一御領内ニ罷有候本願寺末寺共旅僧引受法談致させ候義堅御法度ニ候処、端々右体の義有之風聞ニ候、在々江茂贋僧等立入致法談、門徒共心得違他宗嘲り神社を軽しめ不正之義申聞セ候事粗相聞、此等之義ハ於本山者兼而定メ被置候御掟相背、第一御国法江対して不埒心得違候之至歎敷事候（中略）此上相背候もの共於有之者急度本山ゟも御国法ゟも厳敷御触示し有之候様御願ニ候而相触候条、前条々之趣相守可申候、右之通一派中不洩様可被相触候、以上

寺社奉行

申六月廿六日

能勢新十郎

鳥井八郎右衛門

明信院
浄円寺
専勝寺

態中遣ス

御領分ニ罷在候本願寺末寺共義旅僧贋僧等引受法談致せ、種々不正之儀説聞せ門徒共を誑惑致セ候ニ付、神社を軽シメ他宗をあざけり候類之心得違も有之、左様之儀者本願寺之掟ニも背キ候義故、以来右体心得違無之様、御国法ゟ厳敷御触示し之義此度本願寺ゟ頼来候（中略）右之通郡中真宗寺院幷門徒共迄不洩様可相心得、若此上相背候もの共於有之而者御国法宗法ニも相背候事故、寺院ハもちろん門徒村役人迄急度可申付候条、此旨も可相心得候、以上

申六月

前半の触書は、明信院・浄円寺が広島城下における真宗の触頭寺院であることから、城下の真宗寺院を対象として出されたものとわかる。後半の触書は文面にもあるように「郡中真宗寺院」を対象とするものである。内容は二通ともほぼ重複しており、全般的に真宗門徒の他宗誹謗・神祇軽侮といった行為を戒めている。とくに冒頭においては、「旅僧引受」や「贋僧立入」が、上記のような風潮の原因として厳しく批判される。また、後半の文面から明瞭なように、これらは本山である西本願寺の依頼を受けて広島藩が出した触書である。そのため、神祇軽侮などの行為が「国法」はもちろんのこと、「宗法」にも違背する点が強調される。

触書が天明八年という時期に出された意味は、『広島県史』近世資料編Ⅲによれば、以下の通りである。

　この「神棚おろし」は明和期に広島城下の報専坊慧雲が、真宗の法式を整備しようとしたことから門徒の神棚・位牌などの撤去にまでなったのに対して、藩府が警告を与えたものである。

　明和三年に慧雲が行ったとされる神棚おろしと、天明八年触書とでは、二十数年の隔たりがあり、両者をストレートに結び付けるには少々無理がある。しかし、明和年間の神棚おろし以来の風潮が遠因となり、天明八年の神祇軽侮教戒が発せられたという意味で、ひとまず『県史』の見解に従っておきたい。

　さて、以上に述べてきたところの天明八年触書であるが、その内容は真宗門徒の神祇軽侮を戒めるものとしては標準的であり、穏当かつ説得的といえよう。しかし、触書が竹原下市に到達すると、その内容を拡大解釈する村役人と真宗寺院の間でたちまち争論が発生した。以下、やや長文になるが竹原下市村役場文書「真宗一件[20]」という史料を引用して、事件の概要を述べておく。

　去申八月真宗寺院幷門徒共江御触示シ之御紙面到来仕候ニ付、早速寺院呼出シ御紙面読聞、猶口達ニ而得斗申聞、已来心得違無之様厚ク申渡候、尤当所門徒共之内神棚無之者も御座候由風聞御座候ニ付、神棚無之者ハ早々相調候様申渡候処、何も奉畏候ニ付、即御請印形願取先達而指上申候、其後丁役ヲ以神棚有無家別見廻り候様申付相糺申候義ニ御座候（中略）然ル処当所照蓮寺・下野村宝泉寺・同村浄念寺右三ケ寺内々役人共江逢対仕度由使僧を以被申越候ニ付、即相対仕申候処、三ケ寺被申候者、此度御上ゟ真宗御触示し之儀難有奉承知候、右ニ付御役人ゟ門徒共へ被

仰付候者、神棚軒別無之候而者不相済由被仰付、其上家別見紀等も有之候段及承申候、素ゟ真宗之儀ハ一仏一体ニ而一向宗共唱候程之儀ニ而、一向キ故神棚等ハ入不申候ものニ御座候、然共是迄有来り之方角江取除ケ候様ニ与申義者無之其儘差置候、全王法ヲ以本ンとスル義ニ而御座候、然共此度門徒共一統神棚調候様被仰付候而者宗法御国法共ニ相違いたし候、全真宗之法則破レ終ニ者一宗及断絶可申与至而歎ケ敷義ニ奉存候、猶又当御役所御添書他郡とハ大ひニ相違致候、此段致勘弁是迄神棚無之ものハ其儘差置呉候様内々相願被申候（中略）乍恐右之趣ニ御座候而彼是不得止取次奉指上候、乍恐宜被為仰付被遣候様偏奉願上候、已上

酉四月

年寄　半三郎
町与頭　精次郎
町地与頭　甚太郎
地方与頭　与三次

賀茂郡御役所

引用した史料によれば、天明八年八月に「真宗寺院幷門徒共江御触示シ之御紙面」が竹原下市に到来した。この「御紙面」が、先に挙げた神祇軽侮教戒の触書を指すことはいうまでもない。そこで、村役人たちは早速真宗寺院を呼び出し、触書を読み聞かせたのだが、紙面の内容に留まらず「口達」でいくつかの指示を付け加えたことにより、事態は一気に緊迫の度合を強めた。というのも、付け加えられた指示内容とは、全真宗門徒の家に神棚設置を強制し、また後日それぞれの家を見回って神棚

の有無を悉皆調査するという徹底的なものだったからである。明和年間に行われた真宗門徒の神棚おろしとは対照的に、ここでは真宗門徒への神棚設置強制が行われようとしていたわけである。こうした事件の展開は、筆者にとって非常に示唆的である。従来の神棚おろし解釈では、排他的な真宗信仰のイメージが強く先行し、神祇信仰拒否が教義遵守の必然的な結果と捉えられがちだった。しかし竹原の「真宗一件」に注目する限り、同時期の安芸には、神棚おろしと神棚設置強制という正反対の動きが併存していることになる。以上のような状況からすれば、神棚おろしを真宗教義の内部成熟からだけでなく、真宗対神道という複合的な諸宗教の関係性からも検討する必要はないだろうか。

やや結論を急ぎすぎたようなので、もう一度「真宗一件」の顚末へと話を戻そう。上記のような神棚優遇策は、当然真宗寺院にとって衝撃的なものだったから、竹原下市周辺の照蓮寺・宝泉寺・浄念寺ら三カ寺は、すぐさま村役人に対して抗議を行った。その際、真宗三カ寺が「当御役所御添書他郡とハ大ひニ相違致候」と村役人を糾弾している点は、注目に値する。つまり、神棚設置強制や家別見回り調査といった方策は、天明八年触書そのものに含まれる内容ではなく、竹原の村役人が独自に解釈した結果だったのである。それでは、竹原周辺でことさら神棚強制の風潮が強かったのはなぜだろうか。以下、その地域的な特色から、「真宗一件」という事件の発生要因を探りたい。

さて、竹原下市の独自要素として、まず指摘しておきたいのは、町人たちの学問受容である[21]。十七世紀末から十八世紀にかけて、竹原のみならず広島藩領の諸都市・在郷町では、学問受容が富裕な町人層にまで及んでくる。その中でも竹原町人に特徴的であったのは、山崎闇斎学の受容である。図1に示されるように、竹原における闇斎学の受容は、大半が梨木桂斎・植田艮背、なかんずく玉木葦斎

図1　竹原町人の学問受容

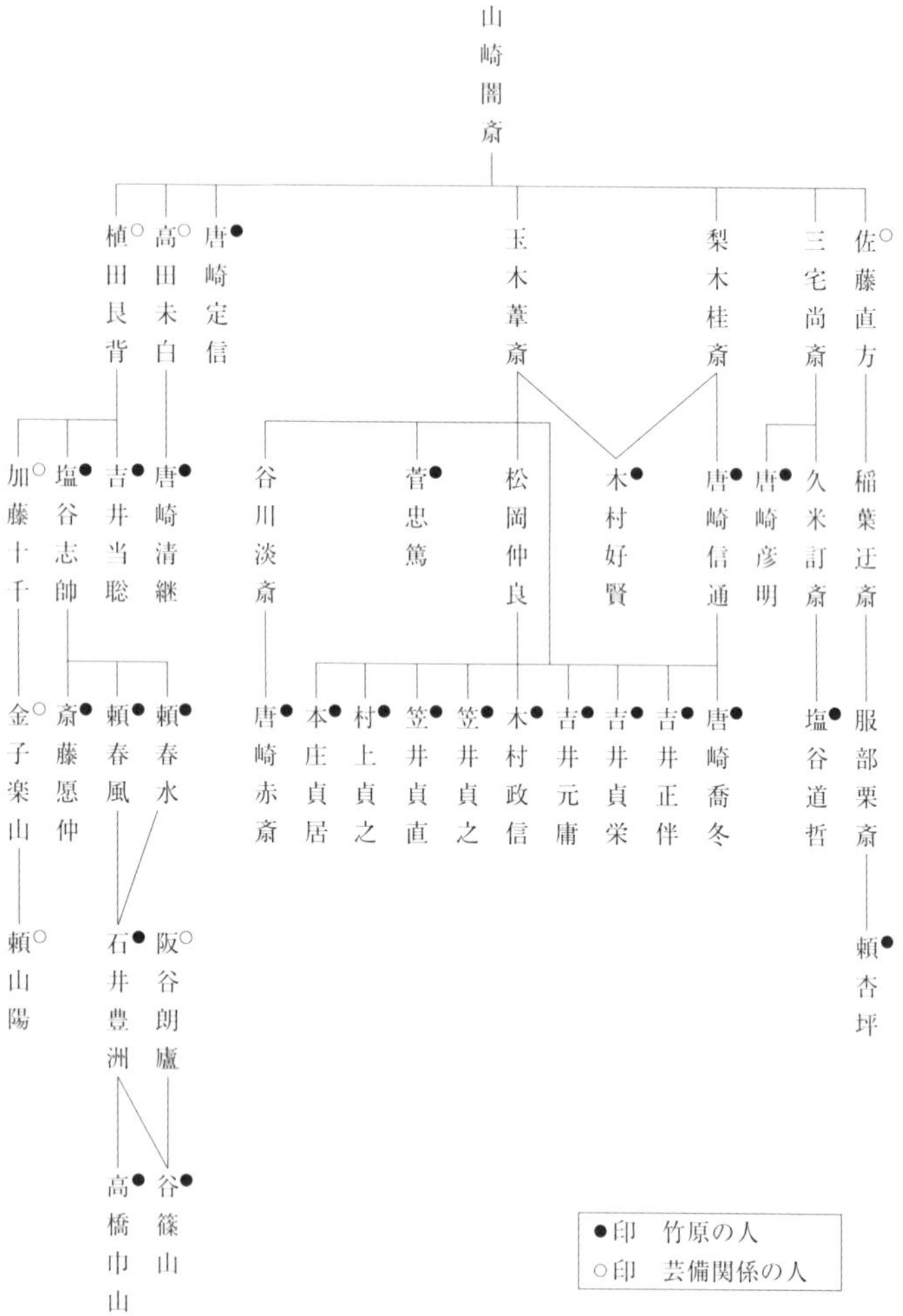

（『竹原市史』第1巻より転載）

―松岡仲良の系譜に列なるものであり、受容者の階層は町年寄を務めるような有力町人が中心であった。なお、闇斎学が朱子学系と垂加神道系に分かれることは、よく知られている。そして、佐藤直方・三宅尚斎ら純粋に朱子学のみを学ぼうとする系列に対して、竹原町人に繋がる玉木葦斎・植田艮背らは、いずれも垂加神道系の闇斎学者であった。つまり、竹原町人の学問受容は、朱子学の中でも闇斎学、その中でも取り分けて垂加神道系に集中するものだったといえる。ちなみに、文政年間（一八一八〜三〇）にまとめられた竹原下市の「国郡志御用ニ付下調書出帳」という史料は、「人品」の項目を立て、村役人・旧家・孝行者など多くの人物を紹介するが[22]、その中でも実に一四人が何らかのかたちで垂加神道を学んでいる。こうした現象は、おそらく他の地域では少々考えがたいものだろう。

以上のような垂加神道の受容によって、竹原町人たちはある種独特な行動様式を身に着けたと思われる。例えば、**図1**でもその名を確認できる唐崎信通は、礒宮八幡宮という神社の神職であり、わざわざ京都に上って垂加神道系の梨木桂斎に師事した人物である。そして、めでたく神道伝授を受け帰郷した彼は、仏式での葬式を断固拒否し、神道の方式に従い神葬祭を行ったとされる。また吉井正伴は、学統でいえば垂加神道系の玉木葦斎―松岡仲良に列なり、竹原町人の中でも指導的な立場にあった人物だが、彼には次のようなエピソードがある。

年回法事之節、旦那寺之僧参候得者、仏像を持参いたし又持帰り候、家ニ仏像を不置仏壇を構へ不申候、喪祭神儒之法ニ傚ひ、内心ニ浮屠を用ひす、表向計ニ仕候

つまり彼は、深く神道に傾斜するあまり、家にけっして仏壇を置かず、法事の時だけ檀那寺から仏像を持参させるものの、そのつど持ち帰らせたというのである。以上、垂加神道が受容された竹原周

辺は、真宗が優勢な安芸の中でも、珍しく敬神排仏の風潮にあふれていたといえる。
ちなみに、「真宗一件」当時の村役人であり、触書の読み聞かせに関わった「年寄半三郎」も、実は垂加神道を学んだ竹原町人の一人である。すなわち彼は、代々米屋半三郎を名乗る旧家に生を享け、植田艮背に師事した。図1でいえば吉井当聡という人物がそれに当たる。なお当聡は、高山彦九郎と交流を持ったことで有名な竹原の「勤王家」唐崎常陸介にも多大な援助を行っており、神道への傾斜は並々ならぬものであった(23)。

以上、竹原町人の学問受容と、そこから生み出される独特な地域性について述べてきた。そして、「真宗一件」が「当御役所御添書他郡とハ大ひニ相違致候」というように竹原周辺に限定される事件であるなら、村役人が神棚強制に積極的であった理由は、ひとまず町人層の垂加神道受容→敬神排仏風潮の高まりという道筋で捉えることができよう。つまり、「真宗一件」と称される一連の事件は、真宗対垂加神道という関係性の下で引き起こされたことがわかる。

ただし、神棚設置強制という行為を、竹原下市の地域性にのみ還元することはできない。というのも、遠く離れた石見国浜田藩領でも、同時期にきわめて類似した現象が起こっているからである。以下、「真宗一件」との比較考察を試みるべく、神棚設置強制が行われたもう一つの事件、すなわち浜田宗論に注目してみたい(24)。

浜田宗論は細かな経過にも関心をそそられる事件なのだが、ひとまず概要だけ追うと以下の通りである。明和四年（一七六七）浜田城下で真宗は神を崇めず切支丹同様の宗旨であるとの風評が立った。そこで、浜田藩領内の他宗九カ寺が、宗旨人別帳を真宗とは別帳にしたいと通告した。真宗対他宗の構図で勃発したこの抗争は、しだいに激化の様相を呈したため、浜田藩では事態を収拾しきれず、ついに幕府の寺社奉行まで介入してようやく解決した。

『石見公事寛睦記』という史料は、上記のような浜田宗論の訴訟過程を、真宗代表の僧侶寛睦が綴ったものなのだが(25)、そこには以下のような興味深い問答が確認できる。すなわち、寺社奉行「土岐殿」の「村役人ハ如何様之事ヲ触たそ」という尋問に対して、寛睦は「伊勢之御祓を受不来者ハ是ヲ請、たとひ致受納候而も銘々之家内ニ神棚を荘り神酒神灯を備厳重ニ神祭不仕者ハ、領内之住居も不相成様申触候」と答える。この抜粋だけでは意味の取りにくいやり取りなので、両者の問答がどのような前後関係でなされたものか若干補足しておこう。既述の通り浜田宗論当時の同藩領内では、真宗は切支丹同様の宗旨であるという風評が立っていた。そこで浜田藩は、真宗の神祇軽侮を戒める応急措置的な触書を発布した。触書の内容は、旅僧留置の禁止と伊勢御祓受納の任意を指示する穏当なものだったのだが、村役人は、それを拡大解釈した上で真宗寺院に通達した。寺社奉行「土岐殿」の寛睦に対する問いかけは、その間の事情を確認するものである。そして寛睦は上記のように回答したわけだから、村役人が行った拡大解釈の具体像はもはや明らかだろう。彼らは、伊勢の御祓を必ず受納して家々で祭祀せよ、それができない者は領内から追放すると、高圧的に通達したのである。浜田藩領の真宗寺院が、切支丹同様という風評にひるむことなく対立姿勢を強めていった背景には、実はこうした神棚設置強制の動向が伏在していた。

さて、上記のような事件経過から気付かされるのは、「真宗一件」との類似性である。筆者は垂加神道受容という竹原町人の独特な文化的素養を前提として、神棚設置強制が断行された理由を探ってきた。しかし、こうした動向はけっして竹原のみに見出せるものではなく、同時期の他地域でも展開していたことがわかる。しかも浜田宗論の場合、神棚おろしが発生したとされる明和年間に、同じく神棚設置強制も行われている。つまり両者は、真宗門徒の神棚おろしに促され反動的に神棚設置強制が敢行されたと前後関係で把握すべきではなく、むしろ真宗―神道両勢力の拮抗する状況下で同時発生的に展開したと解釈すべきものといえる。特殊な真宗教義の追究が必然的に神棚おろしを引き起こすという通説に反し、神棚という場には真宗―神道相互の働きかけにより、常に争論発生へと至る可能性が内在していた。

なお、神棚おろしの発生要因を化境制―小寄講整備に基づく真宗信仰の純化に求めた児玉氏は、さらに自説を深化させ、以下のような見解を提示するに至った(26)。同氏によれば、真宗講中とは阿弥陀仏の前での絶対平等を結集原理の中核に据え、小百姓中心に構成されるものであった。ところが、祖先崇拝のシンボルである神棚を安置する行為は、個家の独立意識や構成員間の差別意識を増幅し、講中の結束を揺るがせる危険性も有していた。そこで、小百姓層の結束を希求した真宗門徒は、個家の突出を志向し続ける上層農民に反発して、神棚を排除したというわけである。

なるほど神棚設置強制は、竹原・浜田いずれのケースでも村役人主導で進められており、神棚を上層農民の思想的中核とする児玉説を用いて、整合的に解釈し得るようにも思われる。しかし、神棚の機能を祖先崇拝へと集約させる同氏の理解には、やはり若干の疑問も残る。もし同氏の取り上げる神棚が、盆の頃に祖霊を迎え入れる精霊棚（あるいは三十三回忌を経て祖先神となった位牌を移し納める神棚）だとするなら、それを祖先崇拝のシンボルと捉えることも可能だろう。しかし、史料上にも明記されるように、「真宗一件」や浜田宗論における神棚とは、伊勢御師が村外から持ち込んでくる祓い札の置き場所と捉えるべきだろう。後述するように神棚が近世中期に定着した比較的新しい習俗であることも併せて考えると、門徒たちが神棚を祖先崇拝のシンボルとみて、真宗教義との異質性に反発したとは考えがたい(27)。

それでは、神棚が本来真宗とは異質な対立要素だからという理由ではなく、なぜ争点が神棚おろし・神棚設置強制と、そこへ収斂されていくのだろうか。平山敏治郎「神棚と仏壇(28)」によると、両者は相互に強い影響力を及ぼしつつ発展した宗教設備だとされる。以下、同氏の指摘を手がかりとして、真宗―神道間の争論が仏壇―神棚をめぐって展開する意味を考察したい。

平山氏は、原初形態としての神棚を、祭礼に際して神を迎え入れる依代（精霊棚）と捉え、祭礼終了後には速やかに撤去された臨時祭壇であったとする。これは常には見えない日本の神の性格によるとされるが、対照的に常住して姿の見える存在と捉えられたのが、外来神としての仏であった。そこで、日本における常設祭壇は、寺院への仏像安置という形態で展開する。そして、寺院に始まった仏像安置が、個々の家にも浸透し、ついに仏壇が登場するわけである。ただし、仏壇が個別家庭へと普及するに際して、臨時祭壇である精霊棚の伝統も取り込まれ、それは先祖供養の性格を強めた。他方、神棚も仏壇という常設祭壇の登場に促され、やがて常設化への道程を歩み出す。そして、伊勢御師の神符配布などと連動しながら、一般家庭へも定着していく。時系列的にいえば、仏壇普及が先にあり、後追い的に神棚も常設化するわけだが、他方で仏壇もまた、精霊棚の機能を取り入れ、本来の仏教教義から逸脱していく。つまり、両者が相互に影響を与え合いながら、仏壇―神棚という日本的な習俗は形成されたことになる。

以上のような民俗学の成果に対して、近年では精霊棚から仏壇へという発展過程に疑問も提出されており[29]、平山氏の見解をそのまま受け継ぐことはできない。しかし、同氏の考察から学び得るのは、精霊棚と仏壇の間に直接的な系譜があるか否かではなく、むしろ仏壇―神棚が宗教設備として密接な関係を保ちながら発展してきた事実であろう。そして、相互影響下にある仏壇―神棚が、平山氏の指摘するように、ただ予定調和的な習合をみせるだけではなく、一種の競合状態にある点も指摘しておく必要がある。既述した浜田宗論では、事件の引き金となった村役人の通達中に、「只今まで御祓不受者はことことく受之、仏壇より高く棚をつり神酒をあげ灯を燃して可祭」という文言がみえる。神棚をただ祭るだけでは不十分で、必ず仏壇より高く設置しなければならないという主張には、両者の緊迫した競合関係が端的に表れている。平山氏も指摘するように、時系列的にいえば仏壇より遅れて参入した神棚は、それゆえに仏壇より高く安置されることで自己アピールしなければならない存在だったといえる。

もっとも、筆者の分析が仏教全般に通じる仏壇の性格に終始しているため、位牌が置かれず祖先供養の機能を持たない真宗仏壇の独自性を軽視しているとの批判も存在する[30]。たしかに真宗信仰・神祇信仰双方の類似点だけではなく、厳然と存在する質的な差異に注目する視角は重要だろう。ただ既述の通り、そもそも神棚といっても、その機能は祖先崇拝のみに集約されるわけではなく、村外からもたらされた神（しかも新規で怪しげな神様）の安置場所と認識された可能性は大きい。であるなら、仏壇に六字名号や阿弥陀如来絵像を安置していた当時の真宗門徒が、神棚という習俗に類似性・競合性を全く感じ取らなかったとは考えがたい。

さて、本章で繰り返してきたように、従来の研究では、真宗教義の特殊性を前提として、神棚おろしを純粋教義追究の結果とみなす傾向が強かった。例えば児玉識氏は、化境制―小寄講整備に基づく真宗の純化が神棚おろしを引き起こすと主張した。そして、その後も自説を深化させ、祖先崇拝のシンボルである神棚が、真宗講中の平等性を危機に陥れたため排斥されたという結論に至った。後者の主張では、近世村落の社会構造も丹念に検討されており、説得性はより高まっている。しかし、真宗信仰の特殊性が、それゆえに権力や他宗からの孤立を招くという図式は、いずれの場合においてもけっして変化することはない。実は筆者が問題としたいのは、上記のような真宗信仰に対する本質主義的理解なのである。しかし、近世的な宗教世界が、乱立する諸本山・本所と、その全国横断的な宗教者支配によって成り立つことに注目すると、[31]一見特殊にみえる真宗門徒の行動も、多彩な諸宗教との関係性の中で捉える必要がある。[32]本章に当てはめるならば、それは神棚おろしを、真宗―神道が競合する仏壇―神棚という場の問題と捉える分析視角に行き着く。つまり仏壇―神棚とは、その独占を目指して、一方で神棚おろし、他方で神棚設置強制が展開される一触即発の場だったのである。

最後に、こうした宗教的な場をめぐる争論が、なぜ明和年間に集中発生したかについて、若干の推測を交えつつ考察しておきたい。既述の通り、おそらく神棚は仏壇普及の影響を受けて、それに続くかたちで浸透していった習俗であり、一般的な定着をあまり早い時期に求めることはできない。神棚がどの時期に一般家庭まで普及したかを推測することは、非常に難しい問題だが、ある随筆の中では以下のように記されている。[33]

延喜式に曰、凡そ王臣已下、輙く大神宮に幣帛を供する事を得ず。其三后、皇太子、若し供すべきものあらば、臨時に奏問せよと云々。此式文を見るに、王臣已下は、大神宮へ奉幣一行かなはざるなれば、平人は弥以て参詣をも許さぬはづの事と見えたり。しかるにいつの頃よりか。伊勢参宮と云て、日本国こぞりて参ることなり。又神前にて神楽を奏する事あたはざる故に、御師の館にて太々神楽などゝいふ事をなして、百姓町人の銭貨を貪る事、浅ましき事にあらずや。併ながら、此式文のごとく平人の大神宮に近付事あたはざる時は、弥以て神道の衰微と云ものなるべし。今時は百姓町人の家内に神棚を設て大神宮を勧請し、朝夕に拝む事故、庸夫愚婦も神道と云事を知るなり。是に依て朝廷よりも強て咎め給はず。いにしへの式文をも、しらぬふりにして置るゝ、と見えたり。

全体の文脈をみると、伊勢神宮への参詣やその勧請はけっして軽々しく行われるべきものでないことが主張され、伊勢御師による参宮勧誘や平人の宅内への神棚設置が批判的に指摘されている。しかし、ここで筆者が注目したいのは、上記のような神棚設置が「今時」の風潮とされている点である。ちなみにこの随筆は、『胡蝶庵随筆』と呼ばれるもので、天明七年（一七八七）に著されている。そこで神棚設置が「今時」の習俗と指摘されるのだから、神棚の一般化はせいぜい江戸時代中期以降のことと措定し得る(34)。仏壇の一般化も、その正確な時期を求めることは困難だが、こちらについては檀家制度が飛躍的に整備された寛文年間（一六六一〜七三）を画期としてほぼ間違いはなかろう。平山氏の指摘する仏壇の一般化→その影響下での神棚常設という枠組みに照らし合わせてみても、上記の時期設定はしっかり符合する。以上のような推測が可能なら、神棚おろしの発生する時期とは、同時に神棚が初めて一般家庭に普及していく時期であるともいえる。そもそも神棚おろしという語感には、もともと存在した神棚（さらにいえば日本人の伝統的習俗としての神棚）を、真宗教義に目覚めた門徒たちが、ある日突然廃棄するというイメージが付きまとってきた。しかし、神棚一般化の時期と併せて考えるなら、その新規参入に対応して、真宗門徒が見慣れぬ宗教要素の定着を拒否したという、神棚おろし発生の道筋を描くことも可能ではないだろうか。

おわりに

本章では、明和年間の神棚おろしを事例として、真宗信仰の特殊性を再検討してみた。その結果を簡略に記しておくと、まず神棚おろしの発生要因を慧雲という学僧のパーソナリティーに還元することはできない。また特殊な真宗信仰の内部成熟が、神棚おろしを必然化させるわけでもない。むしろそれが引き起こされる真の要因は、類似した宗教的な場をめぐる真宗―神道双方の競合状態にあった。つまり、そこへと至る本質的な要素が真宗教義の中にあるのではなく、特定の地域・期間にたまたま諸条件が合致した時、初めて神棚おろしは発生したことになる。

この後、近世真宗教団は三業惑乱と呼ばれる大規模な異安心事件を経験し、その反動として極端な真宗教義の純粋化を推し進めたとされる(35)。また、明治期の近代化過程でも、真宗教義には新たな近代的価値観が絶え間なく付加されていった(36)。おそらく以上のような過程を経て、神棚おろし＝真宗教義の必然的帰結という認識が、しだいに定着したと考えられる。しかし、近世真宗信仰の実態に迫るためには、こうした所与の前提を払拭し、近世的な宗教世界の特質に基づいた考察を進めることこそ必要とされるのではないだろうか。

註

（1）本書序章参照。
（2）『徂徠学派』（日本思想大系三七、岩波書店、一九七二年）一二四頁。
（3）なお、真宗信仰のイメージが、他者の観察によって過度にステレオタイプ化されていく過程は、引野亨輔「他宗門徒からみた「真宗地帯」安芸」（『芸備地方史研究』二二九、二〇〇二年）でも、より具体的な考察を行った。
（4）児玉識「近世社会における真宗寺院・門徒の特質」（同『近世真宗の展開過程』、吉川弘文館、一九七六年）。
（5）有元正雄「真宗門徒の地帯性」（同『真宗の宗教社会史』、吉川弘文館、一九九五年）。
（6）もっとも、地域社会が真宗一色になったからといって、排他的なその性格により神棚おろしが必然化するとは、筆者は考えていない。たしかに村落共同体全体での真宗信仰受容は、神祇信仰拒否の一前提とはなり得る（本書第五章参照）。しかし、実際神棚おろしが起こるには、さらに複合的な諸条件の合致が必要なのである。後に詳述するつもりだが、筆者のねらいは、事件発生の根元的な一要因の探究ではなく、むしろ様々な可能性の指摘にあることを、あらかじめ断っておきたい。
（7）『新修広島市史』七（一九五七年）二四三〜二四四頁。
（8）同前書、二四三頁。
（9）以下、慧雲に関しては、龍谷大学編『仏教大辞彙』一（冨山房、一九一四年）を参照した。
（10）『広島県史』近世二（一九八四年）一二七六頁。
（11）註（4）。なお同氏はその後、「「小寄講」と近世真宗の結集機能について」や「真宗流共同体規制について」

（同『近世真宗と地域社会』、法藏館、二〇〇五年）で、真宗の講中研究を進展させ、神棚おろし発生の要因についても、より精度の高い提言を行っている。とくに、豪農層による祖先崇拝の押し付けが、講中の平等性を望む真宗門徒を刺激し、神棚おろし発生へ繋がったという指摘は、近世村落固有の社会構造にも配慮した斬新なものである。この点については、次節以降で筆者の見解を示しておいた。

(12) 沖野清治「近世浄土真宗における講中の成立と「化境」制」（『日本史論叢』、柴田一先生退官記念事業会、一九九六年）。

(13) 広島県廿日市市蓮教寺所蔵『蓮教寺文書』。

(14) 大村英昭「神仏分離と浄土真宗」（日本仏教研究会編『日本の仏教』四、法藏館、一九九五年）でも、「祈禱をせず」という真宗門徒の生活態度を、ストレートに「呪術からの解放」と捉える解釈が批判され、真宗信仰は呪術を排除せず、むしろ包摂したと指摘される。

(15) 真宗学僧が国史・神書を大量に引用しつつ、神道批判を展開する点については、本書第一章でもすでにその意義を考察した。

(16) 妻木直良編『真宗全書』五九（蔵経書院、一九一三年）。

(17) 以下、仰誓については、福間光超「近世末期の神仏関係」（『龍谷史壇』五一、一九六四年）を参照した。

(18) 註(13)に同じ。

(19) 龍谷大学本願寺史料研究所所蔵『備後国諸記』壱番天明八申年に、「国元触書之写弐通」として所載。また、後者の触書については、『広島県史』近世資料編Ⅲ（一九七三年）、一〇一五～一〇一六頁にも、「真宗僧侶・門徒どもの心得違いを戒める触書」として、同内容のものが載せられている。なお、『県史』所載の触書は、文化十一年（一八一四）に再度触れ出されたものであり、天明八年触書が真宗門徒の神祇軽侮を教戒する模範例として継承されていることがわかる。

(20) 市立竹原書院図書館所蔵『竹原下市村役場文書』。

(21) 以下、竹原町人の学問受容については、頼祺一「在郷町の文化」(愛知大学綜合郷土研究所編『近世の地方文化』、名著出版、一九九一年)、『竹原市史』一(一九七二年)三九六～四一六頁、『広島県史』近世一(一九八一年)、一一八三～一一九一頁などを参照した。
(22) 『竹原市史』三(一九六六年)六九～一〇一頁。
(23) 『竹原市史』一、四四一～四四九頁。
(24) 以下、浜田宗論については、福間註(17)前掲論文を参照した。
(25) 福間光超「近世後期神仏関係資料『石見公事寛睦記』の紹介」(『伝道院紀要』一一、一九七二年)。
(26) 註(11)に同じ。
(27) この点については、小林准士「知の国学的展開と近世後期の地域社会」(『歴史学研究』七八一、二〇〇三年)に強い示唆を受けた。
(28) 平山敏治郎「神棚と仏壇」(『史林』三二―一、一九五七年)。
(29) 神棚―仏壇をめぐる研究史については、蒲池勢至「真宗と祖先崇拝」(同『真宗と民俗信仰』、吉川弘文館、一九九三年)を参照した。
(30) 児玉識「近世真宗史研究の動向と課題」(同『近世真宗と地域社会』)。
(31) 本書序章参照。
(32) 以上のような問題意識を有する筆者にとって、荒神講と真宗講中の競合関係から浜田宗論の発生を読み解く小林註(27)前掲論文は示唆的なものである。また、朴澤直秀「近世後期の寺檀関係と檀家組織」(同『幕藩権力と寺檀制度』、吉川弘文館、二〇〇四年)が指摘するように、真宗門徒が葬式・法要レベルなら檀家制度に頼りつつ、より大きな村落共同体の結束では鎮守社に集うといった信仰の使い分けにも注目する必要がある。
(33) 『日本随筆大成』二―九(吉川弘文館、一九七四年)一四三頁。
(34) 『日本史大事典』二(平凡社、一九九三年)の「神棚」の項(鈴木充氏執筆箇所)にも、「住宅内に神棚が設けられるようになってから、あまり永い歴史はないものと考えられる。全国的に一般化した時期ははっきりわからないが、一七世紀後半の檀家仏教の普及に対して、伊勢神宮の御師が神符を各戸に配るという活動を通し、神符をまつる場所として神棚を設ける習慣が一般化したものと考えられ、江戸時代中期ころではないかと思われる」とある。

(35) 例えば大村註(14)前掲論文は、三業惑乱を契機として雑信仰を徹底的に拒絶する真宗教義の硬直化が始まったと指摘し、それを「伝統の発明」という言葉で表現している。また、六郷寛「安芸・備後地域における真宗の展開過程」(『講座蓮如』五、平凡社、一九九七年)も、芸備に地域を特定した上で、近世中葉までの真宗信仰に現在のイメージとはほど遠い「雑行雑修」的な要素があったことを指摘し、三業惑乱の頃までにそれが切り捨てられていったと主張する。

(36) 例えば福島栄寿「『歎異抄』解釈の十九世紀」(同『思想史としての「精神主義」』、法藏館、二〇〇三年)は、近代真宗僧侶の『歎異抄』再解釈を分析し、そこから「絶対他力」という新たな概念が創出される過程を描き出している。

※本章は平成十二年度科学研究費補助金(日本学術振興会特別研究員奨励費)による研究成果の一部である。

付記　本章で使用した『竹原下市村役場文書』は、広島大学教授頼祺一氏(当時)の市立竹原書院図書館における調査に際して閲覧したものである。閲覧時にお世話になった図書館職員の方々に記して謝したい。

第三章　真宗談義本の出版と近世的宗派意識

はじめに

本章では、真宗の談義本とそれらに真偽判断を下した聖教目録の検討を行う。ただし、いきなり本題へと移る前に、ひとまず談義本とはどのようなものか、簡単な解説を加えておきたい。

千葉乗隆氏によれば[1]、そもそも談義とは法会で行われるような理論的講説とは異なり、「譬喩や因縁を引用し、フシをつけて、人々の情感に訴える」ところに特徴を持つ説法の一形態である。また談義本とは、上記のような談義を行うために、僧侶がテキストとして利用した書物を指す。そこで分類としては、

①それ自体が談義の形式で著述されている台本的なもの
②談義を聞き書き風にまとめたもの
③談義の教材となるもの

など幅広く想定できるが、けっして無限定にあらゆる書物を談義本の範疇に入れてよいわけでもない。前述した談義そのものの特徴と併せて考えれば、宮崎圓遵氏の「その説くところの教法は煩雑な教義

的説明よりも、むしろ達意的な平易な叙述であり、而もその理解を助け、所説の効果を大きくするために、種々の因縁説話を交へたもの」という定義が、簡潔かつ適切なものとして挙げられるだろう(2)。

本章では、千葉・宮崎両氏の定義に従って、こうした書物群に考察を加えていく予定である。ただ一つ前置きしておくと、上記のような性格を有する談義本は、仏教諸宗にとって必ずしも教義の「神髄」を示すものとはいいがたい。

例えば『一宗行儀抄』は、後に偽作とされるものの、ともかくも親鸞作と伝えられる真宗の談義本である。しかしその内容は、

此一宗（真宗——筆者注）ノ行儀ハ、信州戸隠ノ権現ト箱根ノ権現トノ御示現ニヨテ、定オキ候。我末流ニ神ヲ軽メテ神罰アタリテ他宗ニ笑レ玉フナ。定門・慧門ノ神ノ御名ヲダニモ不知シテ、権社・実社ノ宗廟ノ御事ヲ茶酒ノ座シキニテ申サル、事、直ニ神罰ヲ蒙ベキ条、長連ガ流レ也。（中略）何ノ宗カ権実定慧ノ二社ノ御事ヲ知顔ニ是非スルト云ル、事勿体ナシ。

と積極的に神祇崇拝を肯定している(3)。「弥陀一向」の教義を有し、神祇不拝——阿弥陀仏以外に他のいかなる神仏も崇拝しない信仰態度——を貫くという通説的イメージからすれば、同書はおおよそ真宗の談義本とは考えがたい代物であろう。また『六道教化集』という談義本も、「阿字ハコレ胎蔵界ノ大日、弥字ハ是金剛界ノ大日、陀字ハコレ蘇悉金剛界ノ大日、マタ蘇悉金剛界ノ薩埵ナリ」と、やはり真宗らしからぬ密教的表現を列挙する(4)。

そして、何も現在偽作とされている書物の中から、取り立てて教義に反する叙述を抜き出さなくと

も、中世談義本の代表格『諸神本懐集』（本願寺三代宗主覚如の長子存覚の作）をみれば、早速以下のような一文が見出せる。(5)

伊弉諾ノ尊ハオトコガミナリ。イマノ鹿嶋ノ大明神ナリ。伊弉冉ノ尊ハミサキガミナリ。イマノ香取ノ大明神ナリ。（中略）鹿嶋ノ大明神ハ、本地十一面観音ナリ。奥ノ御前ハ、本地不空羂索ナリ。（中略）天照大神ハ日天子、観音ノ垂迹、素盞烏尊ハ月天子、勢至ノ垂迹ナリ。コノ二菩薩ハ、弥陀如来ノ悲智ノ二門ナレバ、コノ両社モハラ弥陀如来ノ分身ナリ。（中略）熊野ノ権現トイフハ……二所三嶋ノ大明神トイフハ……八幡三所ハ……

こうして延々と神の本地を解き明かした上で、同書は「コレミナソノ本地ヲタヅヌレバ、極果ノ如来、深位ノ大士ナリ」と結論する。現在の我々が上記のような存覚の主張を目にする時、やはり真宗の通説的イメージとは懸け離れた印象を抱いてしまうのではないだろうか。(6)つまり、煩雑な理論より庶民受けの方を強く求められた真宗談義本は、それゆえ正統な教団教学の立場からすれば、異安心（異端）的な要素にあふれ、一段価値の落ちるテキストのごとく評価されてきたといえる。

こうした傾向に対して、北西弘氏に代表される真宗談義本の研究者は、(7)中世の僧侶—門徒間関係を具体的に窺い得る史料として談義本を捉え直し、その民衆教化機能を高く再評価している。同氏の研究姿勢には筆者も大いに賛意を示したいが、本章では真宗談義本から中世の信仰実態を読み取るという一般的な方法論はあえて選択しなかった。というのも談義本は、後述するように民間書林による出版行為を経て、近世期に読者を急増させていく。だからこそ、談義本研究のさらなる深化には、その出版画期である近世の実態分析が不可欠となる。従来の研究は、あくまで談義本が著された中世に注目し、その内容から信仰の具体相を論じてきた。しかし、本章ではやや視点を変え、談義本が後世になって担い始めた新たな役割、いわばその近世的展開を探っていきたい。

第一節　談義本出版の盛行と聖教目録

前節では、談義本の近世的展開に着目するという課題設定を行ったが、そのような考察を進めていく上で、筆者にとって最も注目すべき史料は、真宗の聖教目録である。

聖教目録は、その名の通り真宗が依用する「聖教」の書名を列記したものであるが、これまであまり注目されることのなかった史料である。千葉氏は膨大な真宗談義本を所収した『真宗史料集成』第五巻の解題において、それぞれの談義本が聖教目録によっていかなる評価を受けたか、丹念に抜き出している。しかし、肝心な聖教目録自体の位置付けについては、「（談義本には――筆者注）往々にして異解・異安心など正統信仰からの逸脱の問題が発生する。近世の宗学者は聖教目録をつくって、その正邪の判別を行っている」と簡略な指摘を行うのみである。

だが筆者の見解によれば、現存する真宗の聖教目録には、時代の変遷に伴って重要な性格変化がみられる。**表4**は『真宗全書』[8]七四巻所収の聖教目録を取り上げ、それらの特徴を概観したものである。同表に基づいて指摘すると、筆者の考える聖教目録の画期とは、宝暦二年（一七五二）に作成された先啓『浄土真宗聖教目録』であり、その後ほぼ同時期に成立したと考えられる僧鎔『真宗法彙目録及

著　者	著者生没年	目録書数	真偽判断
存覚	1290～1373	63部	真偽判断加えず
一雄	不明	107部	真偽判断加えず
知空	1634～1718	134部	真撰130・真偽未決 3
恵空	1644～1721	130部	真撰83・真偽未決39・偽撰等 8
性海	1644～1727	91部	真撰81・偽撰等10
月筌	1671～1729	136部	真撰126・真偽未決 7 ・偽撰等 3
先啓	1720～1797	362部	真撰190・真偽未決47・偽撰等125
僧鎔	1723～1783	139部	真撰86・真偽未決 9 ・偽撰等44
泰巌	1711～1763	144部	真撰57・真偽未決17・偽撰等70
僧樸	1719～1762	83部	真撰17・真偽未決 1 ・偽撰等65
慧琳	1715～1789	485部	真偽判断加えず
慧琳	1715～1789	39部	真撰36・真偽未決 2 ・偽撰等 1
慧琳	1715～1789	155部	真撰105・真偽未決40・偽撰等10
随慧	？ ～1782	75部	真偽判断加えず
智洞	1736～1805	309部	真偽判断加えず
玄智	1734～1794	約2000部	真撰約1950・真偽未決10・偽撰等45
前田慧雲	1857～1930	約1500部	真偽判断加えず

（妻木直良編『真宗全書』74巻所収の聖教目録に基づき作成）

左券』・泰巌『蔵外法要菽麦私記』（以下、『菽麦私記』）・僧樸『真宗法要蔵外諸書管窺録』（以下、『管窺録』）である。(9)

これらより以前の聖教目録に注目すると、まず筆頭に挙がるのは存覚『浄典目録』である。しかし同書の時点では、まだ取り扱う「聖教」の部数も少なく、それぞれに詳細な評価を施す形式も確立していない。つまり『浄典目録』の場合、何が真宗の「聖教」なのか書名を列記する、文字通りの聖教目録であったことがわかる。その後、知空（西本願寺学林の二代能化）の『真宗録外聖教目録』や恵空（東本願寺学寮の初代講師）の、

表4　浄土真宗聖教目録一覧

書　名	成　立
浄典目録	康安2年(1362)成稿
真宗正依典籍集	寛永元年(1624)成稿
真宗録外聖教目録	不明
仮名聖教目録	不明
高宮聖教目録	正徳年間(1711～16)カ
月筌聖教目録	享保年間(1716～36)カ
浄土真宗聖教目録	宝暦2年(1752)刊行
真宗法彙目録及左券	宝暦3年(1753)成稿
蔵外法要菽麦私記	宝暦年間(1751～64)カ
真宗法要蔵外諸書管窺録	宝暦年間(1751～64)カ
学蔀必用目録	明和4年(1767)成稿
和語聖教目録	明和4年(1767)成稿
浄土真宗書目	不明
浄土真宗正依経論釈偈讃法語刊定目録	不明
龍谷学黌内典現存目録浄土真宗雑著部	不明
三巻本浄土真宗教典志 (但し、二巻は増補版『一巻本浄土真宗教典志』によって補う)	天明2年(1782)刊行
真宗本願寺派学匠著述目録	明治34年(1901)刊行

※真偽判断は、原則として聖教目録の著者が従来比定されていた「聖教」の著者を誤りであると指摘する場合を偽撰としたが、それ以外にも、著者比定については触れずに真宗教義に反する書物として「聖教」の価値自体を否定している場合も偽撰の中に含めた。

『仮名聖教目録』などにおいて、確実に取り上げる書物の部数も増加し、また性海『高宮聖教目録』や月筌『月筌聖教目録』では、個々の「聖教」について詳細な解説を施す形式も登場し始めた。しかし、何が真宗の「聖教」であるか書名を列記する基本的な性格に変化はみられない。

ところが、宝暦期の四つの聖教目録は、取り上げる個々の「聖教」に対して本物かどうかの入念な検討を加え始め、しかもかなりの割合を偽撰（偽物）であると断罪している。それ以前の聖教目録において、偽撰と判断された書物の割合は、多くとも一割程度であった。しかし、先啓『浄土真宗聖教目録』では、取り上げた三六二部の中で一二五部もの偽撰が指摘されており、その数は飛躍的に上昇している。また『蔽麦私記』『管窺録』の両著でも、同様の傾向はより強化されていく。後述するように両著は、本山お墨付きの聖教出版である『真宗法要』三九部の選定から漏れた、「蔵外」の書物について真偽判断を下したものである。そのため、判断を加えた書物の量は必然的に少なくなっているものの、偽撰の割合はむしろ増幅する。例えば『蔽麦私記』では、真撰五七に対して真偽未決一七・偽撰七〇と、ついに偽撰とされたものの数が真撰とされたものを上回る。また『管窺録』では、偽撰六五に対して真撰一七となり、もはや聖教目録というより、かつて「聖教」とされてきた偽作の目録と化している。つまり、宝暦期に入ると真宗の聖教目録は、何が真宗の「聖教」であるか列記する従来のものから、どれが本物の「聖教」なのか真偽判断するものへと、その性格を変化させていくのである。

なお宝暦期を過ぎても、聖教目録の作成は続けられたので、それらについても検討を加えておきたい。結論を先取りすると、宝暦期に確立された真偽判断そのものを主目的とする性格は、以後の聖教目録には踏襲されなかった。真偽判断の厳密さは一見すると不可逆的な進化にも思われるのだが、意外にも次代の聖教目録で引き続きその傾向が強まることはなかったのである。以上の点は、再び表4に注目すれば一目瞭然である。例えば『龍谷学黌内典現存目録浄土真宗雑著部』は、題名の通り西本願寺学林に現存する書物を能化職の智洞が書き上げたものであり、そもそも真偽判断を目録作成の動機としていない。また『浄土真宗教典志』は、同時代の学僧が著した経典の註疏なども取り上げ、実に二〇〇〇部以上の書物に解説を加えているが、網羅的であること自体が目的と化しており、真偽判断への志向は希薄である。もちろん、こうした宝暦期の聖教目録とそれ以外のものの相違は、時代的な風潮のみに還元され得るものではなく、著者個人のパーソナリティーにも大きく左右される。しかし、ともかくも現存する聖教目録の中で、真偽判断そのものを主目的とし、歴代宗主に仮託される「聖教」を厳しく否定したのが、宝暦期に著された四書のみであるという事実は、十分注目に値するだろう。

それでは、特徴的な聖教目録が宝暦期に集中して作成された背景には、いったい何があったのだろうか。まずは、著者たちがこれらの聖教目録作成に込めた問題意識を探ってみたい。

僧鎔『真宗法彙目録及左券』の自序には、同書が作成されるに至った興味深い動機が書き綴られている。本章の考察に不可欠な論点が随所に登場するため、やや長文となるが以下に引用しておく[10]。

鎔念フニ。(中略)国字聖教ハ。恒順衆生ノ一化ニシテ。大悲済度ノ要路ナリ。コノユヘニ。今宗ノ諸祖モ。コレヲモチイテ。悲願ノ深意ヲシメシ。伝持ノ先徳モ。コレニヨリテ真宗ノ要益ヲツタフ。スヘテ道俗ノ開誨。京夷ノ勧誘。オホク国字ヲモテ要トシタマヘルモ。ソノコ、ロコ、ニアルヘシ。若シコレヲ俚俗ナリトヲトシメ。アルヒハ愚化ナリトキラハ、。ソノツミ実ニ無量ナリ。(中略)モトモコレ一家ノ大事。宗門ノ秘蔵ナルモノハ。タ、コノ国字聖教トイフヘキヲヤ。シカルニ。当家ノ国字聖教ノウチ。アルヒハ他流ヲ混シテ自宗ニイレタルモアリ。アルヒハ祖号ヲ窃ミテ。妄ニ偽造セルモアリ。(中略)コレニヨリテ。去年己巳(寛延二年——筆者注)ノ秋。洛都ニ僑居シテ。二三ノ道友トヒソカニコノ事ヲハカルニ。二三ノ道友ハ。タ、属余刪定セヨト請フ。シカレトモ余モトヨリ短才ナリ不敏ナリ。ソノウヘカノ真撰ト相承スル坊間ノ梓本。

オホムネウタカヒナキニアラズ。又諸方ノ写録モタノムヘカラサルコトオホケレハ。アタハジトテ辞シ。又ソノノチ同法ノ懇請モタビカサナリ。又鄙誠ノ感スルコト、シモナケレト。善巧ノ恵ムトコロニヤアリケン。ハカラサルニ数箇ノ善本ヲエタリ。（中略）於是カサネテ意ラク。ソレ国字聖教ハ宗内ノ秘蔵。一家ノ大事ナレハ。刪シテヒロムルコトハ。カツテ愚見ノ及フヘキニアラス。シカハアレト。カノ同法ノ懇請ニツケ。コノ善縁ノ催促モアレハ。セメテ順シテトルホトノコトハ。アナカチニ不敏ヲ辞スヘキニアラスト。ツイニ志意決定シテ。タヤスクコレヲ応諾セリ。コレニヨリテ自ラ坊間ノ梓本ヲトリ。カノ数箇ノ善本ニ校勘スルニ。アルヒハ数紙脱シテ。文義欠絶シ。アルヒハ字句損シテ語彙窒塞ス。又コ、ヲ断テカシコニツケルモアリ。カシコヲ取テコ、ニタシタルモアリ。前後謬妄アケテ計フヘカラス。ハタシテサキノ所疑ヲエタリ。シカレトモ。ソノウチ管見ノ及ハサルト。終始ウタカハシキモノトハカキテ論セス。コ、ロ後来ヲマテハナリ。ステニ正部校勘ノ功畢リテ。ツイニ全書輯録ノ毫ヲ揮ル。題シテ真宗法彙ト名ク。

『真宗法彙目録及左券』は、まず「国字聖教」について触れることから始まる。ここでいう「国字聖教」は、漢文体の難解なものではなく、仮名文字を多用して平易に真宗の教えを説いた書物の意である。本章冒頭で定義しておいた談義本と、ほぼ同義に捉えて差し支えないだろう[11]。僧鎔はこれらの書物を「一家ノ大事」「宗門ノ秘蔵」と高く評価するが、同時に残念ながら「他流」のものが真宗に混同されたり、「祖号」を冠して偽造されたケースも多いと嘆息する。そこで彼は、談義本に対する誤った評価を軌道修正すべく、寛延二年（一七四九）に信頼し得る「善本」の収集を開始し、叢書の編纂を試みた。以上のような事情を踏まえると、『真宗法彙目録』とは僧鎔が自ら編纂企画した叢書の所収目録であり、『真宗法彙左券』とは準備段階で丹念に行われた個々の書物への解説記録だったことになる。

ちなみに彼は、上記のような編纂計画を進めるにあたって、「坊間ノ梓本」を自ら入手した「数箇ノ善本」と照合・校訂している。しかしその結果は、「アルヒハ数紙脱シテ。文義欠絶シ。アルヒハ字句損シテ語彙窒塞ス」「前後謬妄アケテ計フヘカラス」と、あまりにひどい有り様であった。ちまたに刊行流布する真宗談義本の劣悪さは、いよいよ彼に良質な聖教収集と叢書編纂の必要性を痛感させたわけである。以上のような同書の言及から、当時僧鎔が抱いていた危機意識の正体を読み取るのは容易だろう。彼を『真宗法彙目録及左券』作成へと駆り立てた一番の要因とは、ただ談義本の内容が教義に反しているという事実ではなく、むしろそれらが民間書林によって盛んに出版されている現状のほうだったのである。

『菽麦私記』『管窺録』の両著に関しては、より具体的な作成動機を指摘し得る。まず確認しておきたいのは、両著の作者である泰巌・僧樸が、ともに『真宗法要』の校訂に携わっているという事実である。(12) 同書は、宝暦十一年（一七六一）の宗祖親鸞五百回忌記念事業として、西本願寺が真宗依用の聖教類を一括で編纂・出版したものである。本山の威信をかけたこの一大事業は、校訂者である泰巌や僧樸がすでに没した明和二年（一七六五）にようやく完成し、三九部の聖教が本山蔵板として出版された。ところで、宝暦九年（一七五九）西本願寺役僧から二条奉行所に提出された『真宗法要』の出版申請をみると、宗祖遠忌の記念事業という理由付け以上に、同書編纂に込められた切実な事情が窺われる。

開山親鸞上人幷本山御先祖の直作の聖教類、数多是迄書林に板行致し売買候、併し誤多く宗意に不叶義とも有之、末世に及び宗意心得違有之候ては歎かしく御座候に付、本山什物之聖教の通り相改め、本山蔵板と致し置かれ、当末寺に限り願望の者へは指免し、他末派又は俗人は一切差免申さず、開山伝来の宗意相違なく相守候様致し度き御門主御志願御座候、依之右之段御届被仰入候、尤も前々より開山御製作の和讃等蔵板有之、末寺門下へ被差免候処、書林にも板行致し売買候へ共、本山より差留不申候、右此度の蔵板の儀も書林方にて是迄の通りに売買致候儀は相構不申候間、此段御聞届被成下候様、宜敷御沙汰可被下候、以上

ここで述べられている西本願寺役僧の主張は、『真宗法彙目録及左券』を作成した僧鎔の危機意識とみごとに一致する。当時民間書林から盛んに出版されていた歴代宗主の「聖教」は、「誤多く宗意に不叶」とあまりに粗悪なものであった。そこで西本願寺は、本山お墨付きの『真宗法要』を出版し、お粗末な「坊間ノ梓本」を駆逐しようと努めたわけである。同書の出版事情が以上のような目的によるとすれば、その校訂者でもあった泰巌・僧樸が、選定から漏れた「蔵外」の聖教に厳しい真偽判断を下した意図も明白だろう。要するに、『真宗法要』と『蔍麦私記』『管窺録』は表裏一体の関係にあり、一方が本山お墨付きの「聖教」を確定しつつ、他方がそこから漏れたかつての「聖教」を厳しく排除していたのである。むろん、以上のような取り組みが試みられた背景には、民間書林によって盛んに出版された私家版「聖教」への西本願寺の不信が存在した。

以上、厳格な真偽判断を施す宝暦期の聖教目録が、談義本の出版盛行を背景として登場したことは、もはや明らかである。それでは、現実の真宗談義本は、当時どのような出版状況にあったのだろうか。

図2は『真宗史料集成』第五巻に所収される談義本一四三部のうち、年代が確定し得る七七部に関して、その出版傾向を示したものである[13]。同図によると、談義本の出版ピークは、元禄～享保期と宝暦～明和期の二期に求められそうである。ただし、宝暦～明和期の出版部数中には、宝暦六年（一七五六）に先啓の撰として出された『蓮如小部集』所収の談義本九部と、同じく先啓によって明和九年（一七七二）に出された『実如小部集』所収の談義本六部が含まれている[14]。そのような集中的出版を除外すれば、聖教目録の著者たちが危機感を募らせた「坊間の梓本」の出版ピークは、元禄～享保期に一本化し得るだろう。なお、『蓮如小部集』や『実如小部集』の例を除けば、同図中に取り上げられる談義本の大半が、専門家（真宗学僧）の校訂作業を経ることなく、民間書林によって出版された事実も付言しておこう。要するに、宝暦期の聖教目録中で容赦なく偽撰と断定された真宗談義本の多くは、元禄～享保期の出版盛行を経て、着実に刊行流布しているものであった。

ところで近年横田冬彦氏は、幕藩制確立期の元禄・享保期に、出版業の盛行と連動して近世民衆の「知的読書」が芽生えつつあったと、大胆に問題提起している[15]。同氏のいう「知的読書」の登場が、談義本の出版ピークにぴったり重なる事実は、筆者にとってきわめて示唆的である。また若尾政希氏も、太平記読みという、もともと講釈を基本としていた「オーラルなメディア」が、十七世紀半ばには出版物を介することで一気に享受層を拡大させたと指摘している[16]。本章で取り上げた談義が同じく「オーラルなメディア」であることを念頭に置くと、それもまた元禄・享保期には学僧による口述形式から解き放たれ、出版・読書行為を通じて民間に普及するといえようか。

以上、近年活気を呈している書物史研究に頼りながら、真宗談義本の出版盛行を大雑把に意義付け

図２　真宗談義本の刊行年代

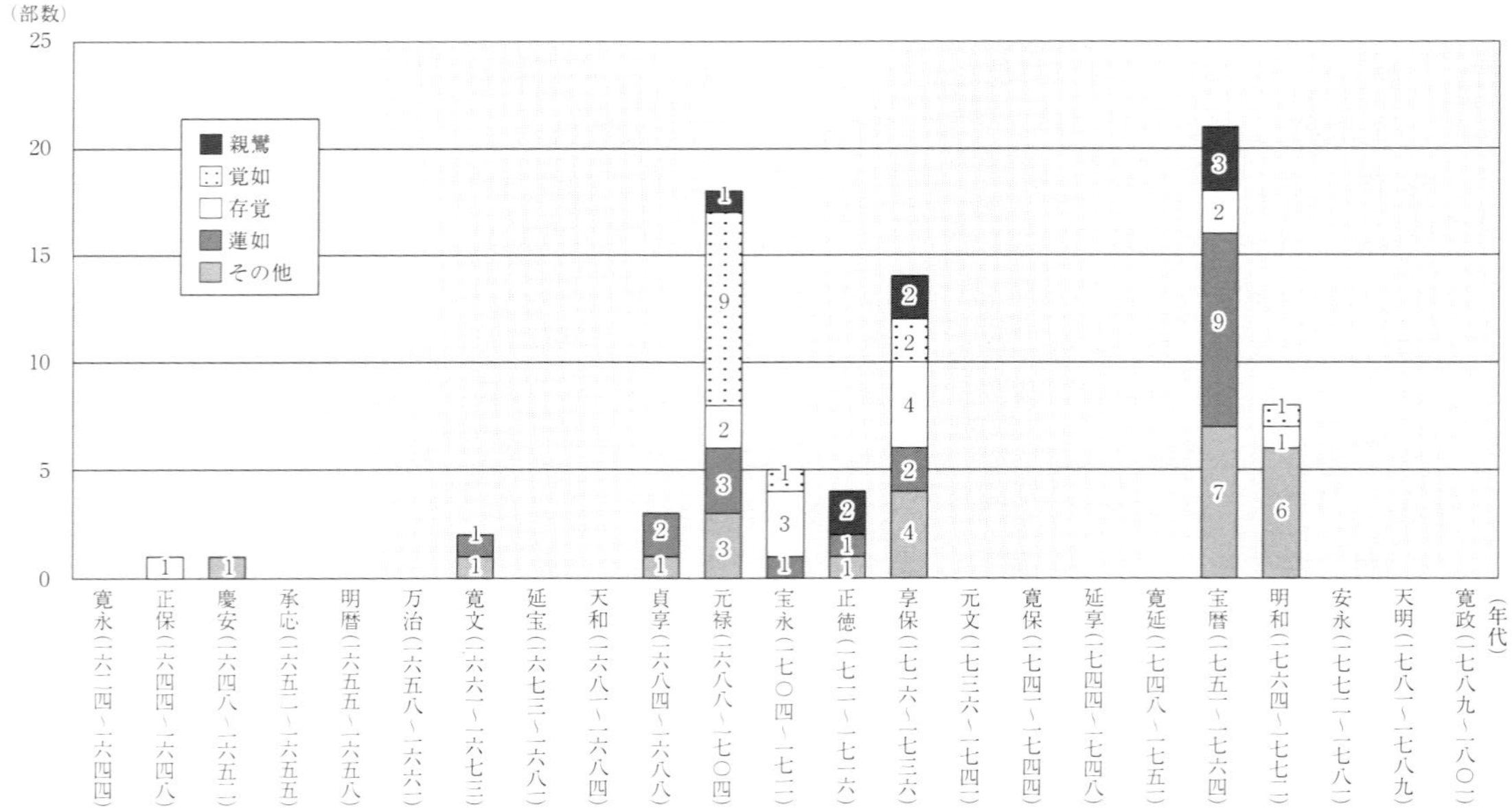

※談義本著者の統計には真撰・偽撰のいずれも含まれる。
（千葉乗隆編『真宗史料集成』第5巻 談義本、および妻木直良編『真宗全書』74巻に基づき作成）

てみたわけだが、真宗史プロパーの研究者からも同様の指摘は確認できる。例えば佐々木求巳氏は、近世前期に刊行された真宗聖教について、以下のような意義付けを行っている(17)。中世・近代いずれとも異なる近世真宗聖教の特徴とは、大字・仮名付・絵入などの庶民的要素に集約される。そして上記のような特徴が立証するのは、同時期に学僧のみならず門徒層も真宗聖教を受容し始めた現実である。佐々木氏はこうした聖教出版の変容を、「聖教の一般化」という言葉で簡潔に総括している。

さて、ここまでの考察をまとめ直すと、元禄・享保期における広範な民衆読者層の登場により、真宗談義本を含む近世の刊行物は大量流通していったことになる。その結果、かつて僧侶の談義を聴聞するだけだった真宗門徒も、講釈の台本である談義本を入手し、吟味・読解することが可能となった。

上記のような真宗談義本の近世的展開は、実は学僧にとって大きな悩みの種でもあった。少なくとも中世において、教化者である僧侶たちは談義本的な知識を独占し、自らのフィルターを介して被教化者である門徒層に教えを授けることができた。ところが、元禄・享保期になると、聞き手である門徒も直接談義本を購入することが可能となる。こうなると僧侶は、ある程度談義本的な知識を共有している門徒を前にして、教化を行う必要が出てくる。付言すれば、談義本とは平易な語りを最重要視するため、時に異安心的な要素を内包する書物だった。以上のような現状を念頭に置けば、当時の学僧にとって、談義本の出版盛行と民間普及が、いかに深刻な問題であったかは指摘するまでもない。そこで、談義本の出版という社会変容に後押しされ、厳しく偽撰の談義本を断罪する宝暦期の聖教目録が登場したのである。

もっとも、劣悪な談義本出版を問題視した学僧たちの危機意識が、次代の聖教目録に継承されず、早々に姿を消していることも既述の通りである。その理由はいくつか想定し得るだろうが、本章では仮に宝暦期の聖教目録が、真宗教団の抱える問題をある程度解決し得たのだと理解してみる。そして、上記のような仮説に基づき、次節では、これらの聖教目録が具体的にどのような談義本評価を行い、自らの課題をどこまで克服できたのか考察していきたい。

第二節　聖教目録の真偽判断

1　真偽判断にみる歴代宗主観

前節では厳格な真偽判断を下す宝暦期の四つの聖教目録に注目し、その背景に元禄・享保期の談義本出版盛行が存在することを指摘した。それでは、四書は具体的にどの談義本を取り上げ、いかなる真偽判断を加えたのだろうか。

表5は、『浄土真宗聖教目録』『真宗法彙目録及左券』『蔌麦私記』『管窺録』の四書が共通して真偽判断を下した談義本について、真撰・偽撰・真偽未決の別を記したものである。本節ではもっぱら同表を利用して、宝暦期の聖教目録が行った真偽判断の特質を論じることになるが、本格的な分析へと進む前に、作表意図を簡単に述べておきたい。

まず分析の対象であるが、親鸞・覚如・存覚・蓮如のいずれかに著者を仮託する（あるいは事実著者である）談義本に限定した。(18) もちろん真宗談義本には、法然仮託の『一向専修ノ七箇条問答』や、弘法大師仮託の『六字名号口伝』まで存在し、また『慈巧聖人神子問答』や『有悪有善物語』のように著者不明ながら有名なものも少なくない。ただ、民間書林から出版された談義本の多くは、著述を権威付けるためもあってか、真宗の歴代宗主に著者を仮託する場合が多い。[19]そこで、その代表格である初代親鸞・三代覚如・八代蓮如、さらに覚如の長子として宗主に准ずる存覚の四人を、ここで取り上げるのはひとまず妥当であろう。なお、筆者が親鸞・覚如・存覚・蓮如と区分して真宗談義本に対する真偽判断を検討するのには、聖教目録に表れる歴代宗主観を探るという意図も含まれるのだが、その点については後述したい。

また『萩麦私記』『管窺録』の両著は、既述の通り『真宗法要』所収の聖教三九部[20]を、真偽判断の対象から除外している。当然の結果として、存覚『諸神本懐集』など多くの著名な談義本が、表5中には登場しない。そこで、あたかもすべての談義本が宝暦期の聖教目録いずれかによって偽撰とされているかのような印象を受けるが、『真宗法要』所収の本山お墨付き談義本は取り上げられていない点を考慮しておく必要がある。ただ表5は、談義本の真贋を見極めるためのものではなく、あくまで親鸞・覚如・存覚・蓮如仮託の談義本に対する聖教目録の評価傾向を分析するためのものである。そこで、現在真撰とされる談義本の多くが除外されたことで、作表の意味が薄れたとは考えていない。[21]

以上のような点を念頭に置きつつ、再び表5に注目しよう。そうすると、偽撰の割合が高いことは当然なのだが、やはり全体的な印象として四書の真偽判断が錯綜している点に目が行く。また、千葉乗隆氏も指摘していることだが[22]、真偽判断の厳格さにおいて四書それぞれに強弱の差がある。表5をみれば明らかなように、最も判断に厳しいのが僧樸『管窺録』であり、逆に点数の甘いものが先啓

表5　聖教目録における談義本の真偽判断

	撰述（仮託含む）				先啓	僧鎔	泰巌	僧樸
	親鸞	覚如	存覚	蓮如	『浄土真宗聖教目録』	『真宗法彙目録及左券』	『蔵外法要菽麦私記』	『真宗法要蔵外諸書管窺録』
☆安心略要鈔	◎				×	×	×	×
☆一宗行儀抄	◎				×	×	×	×
☆疑破執真鈔	◎				×	×	×	×
迎接曼陀羅ノ由来	◎				○	／	×	×
三十三通相承口伝	◎				○	／	×	×
心血脈抄	◎				×	×	×	／
☆推末鈔	◎				×	×	／	×
☆専修念仏問答鈔	◎				×	／	×	×
☆南無之釈	◎				○	○	△	×
☆本願成就聞書	◎				×	×	×	×
☆本願相応集	◎				×	×	×	×
☆無為常住聞書	◎				×	×	×	／
☆唯信鈔議	◎				×	×	×	×
☆肝要集		◎			○	×	○	×
☆六道教化集		◎			×	／	×	×
☆還相廻向聞書		◎			×	×	×	×
☆三身六義		◎			△	×	×	×
☆自要集		◎			／	／	○	×
☆真宗意得鈔		◎			×	○	○	／
☆真宗血脈伝来鈔		◎			○	×	／	△
☆真宗明文鈔		◎			／	×	×	△
☆他力信心聞書		◎			×	×	×	×
念仏行者用心集		◎			×	×	△	×
☆一心帰西鈔			◎		／	／	○	○
☆彼岸記			◎		△	×	×	×

☆因果鈔			◎		○	×	△	×
光明名号因縁			◎		／	／	△	○
五重大意鈔			◎		○	×	／	／
☆纔解記			◎		○	○	○	○
☆三心三信同一之事			◎		○	○	×	／
持信記			◎		×	／	○	×
十王讃嘆鈔			◎		×	／	×	×
☆聖道浄土名目			◎		○	×	／	×
☆真宗鈔			◎		×	／	△	×
☆真宗信心鈔			◎		△	／	×	／
☆真宗選要鈔			◎		×	×	△	×
☆随聞書			◎		×	×	×	×
嘆徳文意			◎		○	×	×	×
☆難易分別抄			◎		△	○	○	○
父母孝養鈔			◎		△	／	×	／
☆弁述名体鈔			◎		○	○	／	○
☆無常説記			◎		×	×	×	×
一宗意得之事				◎	○	×	○	○
☆勧化大旨				◎	○	×	△	×
☆信行一念鈔				◎	△	×	×	×
☆真宗教要鈔				◎	○	○	／	×
☆女人教化集				◎	○	×	×	×
☆念仏往生義				◎	△	／	×	×
☆本願文聞書				◎	○	×	×	×

※表中の○は真撰、△は真偽未決、×は偽書という聖教目録における判断を示している。
※書名冒頭の☆は宝暦二年以前に出版の確認できるものである。
（千葉乗隆編『真宗史料集成』第五巻 談義本、および妻木直良編『真宗全書』七四巻より作成）

『浄土真宗聖教目録』である。こうした傾向の存在は、筆者にとってきわめて示唆的である。前節で指摘した通り、厳格な真偽判断は他の聖教目録にみられない宝暦期の四書だけの共通性である。そしてその性格は、真宗談義本の刊行流布という当時の状況に強く規定されていた。ところが、実際に行われた真偽判断の内容をみれば、四書は談義本に対する共通認識をまるで打ち出せていない。むしろ談義本的な世界への学僧たちの評価は、平明で優れた民衆教化機能とそこに潜む異安心の可能性という両側面の間で、限りなく揺らいでいるようにさえみえる。結局、宝暦期の聖教目録は、「文義欠絶」「語意窒塞」する「坊間ノ梓本」に、明確な真撰・偽撰の基準を打ち立て得なかったのだろうか。しかし、そのような限界性へと結論を急ぐ前に、真偽判断の傾向を親鸞・覚如・存覚・蓮如に著者区分した上でさらに分析してみたい。

まず著者を親鸞に仮託する談義本についてであるが、表5では『南無之釈』に関してのみ四書の真偽判断が錯綜している。そのほか二種の談義本に関しても、点数の甘い先啓『浄土真宗聖教目録』だけが真撰の判断を下している。しかし、上記以外の談義本に関して、四書の真偽判断はすべて偽撰で一致している。やはり宗祖親鸞に対する書誌学的な考察は相当進んでいたのだろうか。ここでは、親鸞仮託の談義本が誤って真撰とされる可能性はほとんどない。つまり、親鸞仮託のものに限っていえば、宝暦期の聖教目録は比較的容易にそれらを偽撰として退ける試みに成功しているのである。

親鸞仮託の談義本に関して四書がほぼ見解を一致させるのに対して、蓮如仮託の談義本の場合、一つの談義本に対する真撰・偽撰の評価が入り乱れ、一見してその真偽判断は錯綜している。しかし、点数の甘い先啓、辛い僧樸という性格を加味して考えると、先啓『浄土真宗聖教目録』では真偽未決を含めてほぼすべての蓮如仮託本を真撰と認め、他方僧樸『管窺録』では対照的にほぼすべてを偽撰と否定する。こうしてみると、蓮如仮託の談義本に対する真偽判断にも、一定の傾向を見出すことはできる。ちなみに僧樸『管窺録』には、先に出版された『浄土真宗聖教目録』を明らかに意識しつつ、「十王讃嘆鈔〔管窺曰〕コレハ日蓮宗ノ書ナリ。然ルニ西濃先啓目録ニハ。ナニトテ大抵義正ト云ヘルヤ」と述べる箇所がある。(23)点数の甘い先啓の真偽判断が、後発の聖教目録で次々批正されていくとすれば、蓮如仮託の談義本に対しても、ある程度、見解の一致はみつつあるといえよう。

以上、宝暦期の四つの聖教目録は、ちまたに刊行流布する数多くの偽作談義本――表5で取り上げた談義本のうち、☆印のあるものは先啓『浄土真宗聖教目録』の刊行以前にすでに出版されている――の中でも、親鸞・蓮如仮託の談義本に限っていえば、その否定にほぼ成功しているようである。それでは、覚如・存覚仮託の談義本についてはどうだろうか。これらに関していえば、一定の傾向を見出すことはほとんど不可能に近い。一つの談義本に対する判断が真撰・偽撰と入り乱れるのはもちろんであるし、点数の甘い先啓、辛い僧樸という既述の傾向にも反する事例が散見される。例えば表5の『持信記』に注目すると、点数の甘いとされる先啓と辛いとされる僧樸がともに偽撰と意見を一致させているのに、僧樸に次いで真偽判断の厳しい泰巌『蔵麦私記』は「存覚上人ノ真撰ナル可シ。文相義趣トヾコホリナシ」と肯定的に評価する。(24)また『難易分別抄』に注目すると、僧樸『管窺録』・泰巌『蔵麦私記』・僧鎔『真宗法彙目録及左券』の三書がいずれも存覚真撰と判断する中、点数が甘いはずの先啓『浄土真宗聖教目録』のみ、その内容を「大抵義正」としながら真撰の判断を保留する。以上のように、覚如・存覚に仮託される談義本に対して、その真偽判断は著しく錯綜している。

逆にいえば、評価の分かれるこれらの談義本こそ、宝暦期の聖教目録が明確な真撰・偽撰の線引きを切望した存在だった。

むろん、結果的にいえば四書の真偽判断は全く錯綜してしまったわけで、覚如・存覚仮託の談義本に真撰・偽撰の境界線を引く作業は、この時点では失敗に終わっている。しかし宝暦期の聖教目録が真偽判断に頭を悩ませる過程で、談義本的な世界を象徴する覚如・存覚の存在自体、価値が低下していることは見逃せない事実である。例えば泰巌『萩麦私記』の中では、『念仏行者用心集』という談義本に対して、以下のような見解が披露される。[25]「一宗安心ノ極意ヲ談スルニモアラズ。マタ一向他流ノ人ノ作トモ云フベカラズ。恐クハ覚如上人一時ノ勧化ナラン歟」他の三書がいずれも偽撰と判断する『念仏行者用心集』に対して、泰巌もまた「一宗安心ノ極意ヲ談スルニモアラズ」と否定的な評価を下す。しかし彼の場合、偽撰と断定することはなく、覚如の「一時ノ勧化」であろうかと推測する。ここでは、本願寺三代宗主である覚如が、真宗の「極意」を語り得ない存在におとしめられている。同様に『萩麦私記』でも、『至道鈔』という談義本が取り上げられ、「追福・孝養・道場・仏閣等ノコトヲ明セリ。一宗安心ノ書ニアラズ。然レトモ。存覚上人ノ御筆格ナリ」と評価される。[26]「一宗安心ノ書」ではないのだが筆跡をみる限り真撰に間違いないという表現の中に、露骨なまでの存覚の権威低下が看取できる。

以上のような覚如・存覚そのものの権威低下は――親鸞仮託の談義本が聖教目録で偽撰と排除されることにより、親鸞自身の権威はますます上昇していくことと比較すると――、必ずしも聖教目録作成の本意ではなかったかもしれない。しかし、こうした覚如・存覚の失墜も、それによって曖昧な談義本的世界が秩序化されるのであれば、宝暦期の聖教目録による逆説的な達成とは呼べないだろうか。

ところで今堀太逸氏は、初期真宗教団において『破邪顕正抄』や『持名鈔』といった存覚の談義本が盛んに末寺へと下付されている事例を紹介し、以下のように指摘する。[27]

（存覚の談義本は――筆者注）けっして本願寺教団から異端の書物としてあつかわれていない。存覚の談義本を異端視していては、本願寺の教線伸張を論じることはできないのである。


今堀氏のいう存覚の強い正統性は、近世前期になっても基本的には変わらない。例えば前述の『真宗法要』も、所収される三九部の聖教中一二部は存覚の著作である。また、近世前期に「四部聖教」「七部聖教」などと銘打って民間書林から出版された談義本――ちなみにこれらは宝暦期の聖教目録によってことごとく偽撰と判断された――の多くも存覚に仮託されている。[28] こうした事実は、存覚著述の談義本や存覚仮託本の多さを示すに留まらず、近世前期における彼の高い正統性を立証するものだろう。現在の我々にとって存覚をやや異端視する風潮は当然であるが、近世前期段階でむしろその感覚は希薄だった。しかし、聖教目録の真偽判断が、真宗学僧たちに覚如・存覚の教説に対する違和感を生じさせ、その新たな価値観が定着しつつ現在に至ったといえよう。

以上、談義本の民間普及に促されて登場した宝暦期の聖教目録は、真撰・偽撰の錯綜する談義本的な世界の秩序化に努め、ある程度それに成功したと考えてよさそうである。

2　聖教目録の否定様式

次に『菽麦私記』『管窺録』などで展開される真偽判断の記述様式に注目し、いったい聖教目録がどのような根拠により談義本を偽撰と否定したのか考察してみたい。

まず当然ながら、「義趣失ナシ・義趣真撰ニ非ス」といった判断基準が最も多く用いられる。宝暦期の聖教目録の課題が、「文義欠絶」「語意窒塞」する談義本の是正であったことから考えても、「義趣」の正・不正を根拠とする真偽判断は、第一に望まれるものだっただろう。

次に談義本の原本に対しては、「筆格不同・筆格似タリ」「祖師ノ御筆格ニアラス」といった筆跡による判断も頻繁にみられる。これはいわゆる書誌学的分析に裏付けられた真偽判断といえる。同様に書誌学的な判断基準を紹介すると、『蔵麦私記』は『真宗信心鈔』を評して、以下のように結論している。(29)

弘安八年八月十三日トアリテ。次ニ奥書アリ。奥書ハ。蓮如上人ニテモアルヘキ歟。然ルニ存覚書之トアレハ。弘安八年ハ存覚上人未生六年已前ナルカ故ニ。存覚上人ノ御条目トイフベカラズ。(中略)相承ノ善知識ノ御掟ニハアラサルヘシ。

このように筆跡・年代など客観的な基準が確立しているからこそ、「一宗安心ノ書ニアラズ。然レトモ。存覚上人ノ御筆格ナリ」といった既述の真偽判断も可能となるわけである。

さて、文章内容や筆跡・年代などの事例は、真偽判断の基準として当然思い浮かぶものである。しかし、ここで筆者が特筆しておきたいのは、「コレ他流ノ人ノ作ナランカ」「他家ノ鈔ナルコト分明ナリ」などの否定様式である。文意や筆跡ほど頻用されないものの、上記のような真偽判断も一つの聖教目録中に一〇カ所程度は登場しており、それなりの役割を担ったものと考えられる。しかも、問題視される談義本の中には、「祖号ヲ窃ミテ。妄ニ偽造セル」もののみならず、「他流ヲ混シテ自宗ニイレタル」ものも多くあったわけだから、「他流ノ作」への対処法は宝暦期の聖教目録にとってもう一つの重要課題だったはずである。

ところで、ここで用いられる「他流」という言葉は、何を指した表現なのだろうか。結論からいえば、それは西山義・鎮西義などの浄土宗諸派を指している。例えば『蔵麦私記』は、『慈巧上人神子問答』という談義本を取り上げ、「現益ノ辺ヲ専ニス、メシモノナリ。(中略) 恐クハ鎮西家ノ人ノ談義本ト見エタリ」と述べる。[30]現世利益の濃厚な談義本を「鎮西家ノ人ノ談義本」だと切り捨てる姿勢には、他力本願へと先鋭化していく真宗学僧の自負が読み取れて興味深い。また『管窺録』も、『選択集肝要儀』という談義本を評価して、以下のように意義付ける。[31]

義理タヾシクヤスラカニ。文言モツタナカラズ。シカレトモ通浄土門ノ義ニシテ。真宗ノ書ニハアラス。

「通浄土門」、すなわち浄土系仏教一般にとってまずまず正統な内容でも、真宗の談義本としてはなお不適格だというわけである。やはりここでも、浄土宗諸派が比較の対象となり、かたくななまでに真宗の独自性がアピールされている。以上、宝暦期の聖教目録は、歴代宗主に著者比定される談義本を、実は「他流」＝浄土宗諸派のものであったと切り捨て、それによって真宗という宗派の境界線を確定させたといえる。

このような否定様式は、親鸞・覚如・存覚・蓮如仮託のいずれに限ることなく用いられた。ただ、親鸞仮託の談義本を偽撰と否定する際、とくに多く登場している。例えば『管窺録』は、『専修念仏問答鈔』を以下のように評価する。

コレハ西山家ノ末流ノ人ノカキタルモノトミユ。（中略）アケテ論スルニタラサル書ナリ。

また『本願成就聞書』については以下のように評価する。

鎮西ノ人ナドノ。ワカ怱忘ノ備ヘニトテ。語灯録等ノ中ヨリ。ヌキガキシヲケルモノトミヘタリ。（中略）此書ハナニノ益モナキモノナリ。

さらに『本願相応集』についても以下のように評価する。

コレハ西山末流ノ愚僧ノカキタルモノナルヘシ。（中略）モトヨリ今家ノ書ニ非ルコト可知。(32)

上記の三つの談義本は、いずれも著者を親鸞に仮託したものである。既述の通り宝暦期の聖教目録は、親鸞仮託の談義本に対して、真偽判断をおおむね偽撰で一致させている。こうした排斥作業に際して、実は「他流」の作だったという判断基準が何気なく用いられている点は興味深い。覚如・存覚の仮託の談義本の場合、聖教目録が真偽判断を一致させ得なかったため、結果として覚如・存覚そのものの権威低下が起こった。他方、親鸞仮託の談義本の場合、それらは「他流ノ作」であると一刀両断に切り捨てられ、親鸞の宗祖としての権威はますます堅固になっていったのである。

以上、宝暦期の聖教目録における談義本の否定様式を検討してみたわけだが、その一大特徴は「他流」＝浄土宗諸派への対抗心をあらわにした真宗の独自性アピールにこそ求め得る。仏教諸宗の本山が分立する近世において、真宗は教義上の類似性も多い浄土宗を過剰に意識しながら、談義本的な世界を抑圧し、宗派間の境界線を確定していったのである。

おわりに

さて最後に、宝暦期の聖教目録が果たした役割を簡略にまとめ直すと以下の通りである。

① 親鸞・蓮如仮託の談義本については、それらが偽撰であるという共通見解を提示し、ほぼ払拭に成功した。

② 覚如・存覚仮託の談義本に対しては、真偽判断が錯綜して意見の一致をみなかったものの、覚如・存覚自体の権威が相対的に低下し、談義本的な世界も軽視されるに至った。

③ とくに親鸞仮託の談義本は、「他流ノ作」として切り捨て作業が進められ、真宗と浄土宗諸派の間で近世的な宗派境界が明確化した。

ところで金龍静『蓮如』(33)によれば、仏教諸宗が唯一の本尊や宗祖を信奉し始め、宗派としての確固たるまとまりを持つに至ったのは、それほど古い時代の出来事ではない。真宗を例に取れば、そもそも当初は親鸞＝宗祖という概念そのものが未確立であり、門流ごとに崇める「宗祖」もまちまちであった。しかし、蓮如は唯一の宗祖が親鸞であることを強烈にアピールし、また本尊の下付権も一手に握って、急速に真宗を宗派化させていった。しかも、真宗における宗派化の動向は、他宗に比べれば格段に早く、仏教全般が明白な宗派意識を確立させるのは、せいぜい近世に入ってからだという。

金龍氏の指摘を踏まえて、もう一度本章の考察を振り返ってみよう。近世的な宗派境界が確定する以前に、「他流」と「自宗」の区分が曖昧なのは当たり前である。そこで、中世に作成された真宗談義本の中に、神祇崇拝・現世利益の積極的肯定や密教的表現が散見されることも、取り立てて不思議ではない。ところが、後になって近世的な宗派意識が強まると、上記のような談義本は（後追い的にではあるが……）、真宗にとって払拭すべき不適格な要素と化す。こうして登場したのが、宝暦期の四つの聖教目録ということになる。これらの聖教目録は、親鸞をはじめとする歴代宗主仮託の談義本を「他流ノ作」と切り捨て、宗派間の強引な境界線設定をもくろんだ。また、偽撰というかたちで払拭し切れなかった覚如・存覚仮託の談義本に関しては、覚如・存覚自体の権威低下まで引き起こしつつ、真宗の独自性確保に努めた。つまり、聖教目録における談義本への厳格な真偽判断とは、近世的な宗派意識の強化を如実に反映する一事例だったといえる。

最後に、蛇足となるかもしれないが、神祇崇拝や現世利益を許容する談義本は、本質的に真宗と異質な存在だから排斥されたわけでないという点も付言しておきたい。日本的な諸宗教の中でも特殊な真宗教義という通説的理解に立てば(34)、本章で取り上げた談義本の切り捨て作業は、あたかも定められた宿命のごとく受け止められそうな現象である。しかし、あくまで近世的な宗教世界の成立に支えられ、この現象が発生した事実を見逃してはならない。諸宗が融合的に顕密体制を築き上げていた中世を経て、近世には諸本山・本所が幕藩権力から与えられた宗教者支配権を梃子に続々と分立していく。こうした諸宗の分立状況を前提として、初めて真宗は神祇崇拝や現世利益を先鋭的に排斥し、類似性も多い浄土宗諸派と自宗の隔絶を主張していくのである。今後も近世真宗信仰を論じる際には、それを安易に自己完結した一宗派とみなすことなく、むしろ他宗派との相互影響下で自己形成していく存在と捉え直す作業が重要となるだろう。

註

(1) 以下、談義本については、千葉乗隆編『真宗史料集成』五　談義本（同朋舎、一九八三年）九～一七頁を参照した。
(2) 宮崎圓遵『真宗書誌学の研究』（永田文昌堂、一九七九年）。
(3) 註(1)前掲書、二八～四九頁。なお、『一宗行儀抄』については、北西弘「中世の民間宗教」（『日本宗教史講座』三、三一書房、一九五九年）を参照した。
(4) 註(1)前掲書、一一〇～一一六頁。なお、真宗談義本の中に密教的要素が散見される点については、満井秀城「談義本と蓮如教学」（同『蓮如教学の思想史』、法藏館、一九九六年）を参照した。
(5) 『中世神道論』（日本思想大系一九、岩波書店、一九七七年）一八二～二〇七頁。
(6) なお、あらかじめ断っておくと、本章は存覚の談義本が本来真宗教義とは異質であったと主張するものではない。むしろ、いつどのような契機で存覚という存在が、真宗に異質な側面を有すると評価されるに至ったか、その過程の解明こそ本章の主眼なわけだが、これについては後述する。
(7) 真宗談義本研究の代表的なものとしては、宮崎註(2)前掲書、北西註(3)前掲論文、同『一向一揆の研究』（春秋社、一九八一年）、今堀太逸「談義本にみられる神祇信仰」（同『神祇信仰の展開と仏教』、吉川弘文館、一九九〇年）、満井註(4)前掲書などが挙げられる。
(8) 妻木直良編『真宗全書』七四（蔵経書院、一九一三年）。
(9) このうち、『荻麦私記』と『管窺録』について、正確な成立年代を確定し得る情報はない。しかし両著とも、本文中に「西濃先啓目録ニハ……」といったかたちで先啓『浄土真宗聖教目録』（宝暦二年刊行）に言及する箇所があり、さらに泰巌・僧樸の没年がそれぞれ宝暦十三・同十二年なので、少なくとも宝暦年間の成立であることは間違いない。
(10) 註(8)前掲書、三七～三九頁。

(11) ちなみに、談義本という言葉自体は近代以降になって生まれたものであり、「国字聖教」「仮名聖教」「和語聖教」などが当時の史料上にみられる表現である。ただ、すでに宮崎氏による明快な定義もあり、談義本研究というジャンルもしっかり確立しているので、本章でもこの談義本という表現を続けて使用することにしたい。

(12) 以下、『真宗法要』については、『本願寺史』一（浄土真宗本願寺派宗務所、一九六八年）四一六～四三八頁を参照した。

(13) 註(1)前掲書。なお、出版年代の確定にあたっては、註(8)前掲書所収の『真宗聖教刊行年表』や『国書総目録』（岩波書店、一九六三年）などを参照した。

(14) 書名を挙げると、『蓮如上人小部集』は『安心用意集』『持要抄』『選正集』『真宗持専鈔』『一宗意得之事』『顕浄土真宗抄』『真宗正意集』『袖中鈔』『一念成就鈔』を、『実如上人小部集』は『聞信鈔』『持得鈔』『安心定得鈔』『安心決得鈔』『女人最要集』『往生明文鈔』を、それぞれ所収する。ちなみに、これらの談義本は後にすべて偽撰とされている。

(15) 横田冬彦「益軒本の読者」（横山俊夫編『貝原益軒』、平凡社、一九九五年）、同「近世民衆社会における知的読書の成立」（『江戸の思想』五、ぺりかん社、一九九七年）、同「近世村落社会における〈知〉の問題」（『ヒストリア』一五九、一九九八年）。

(16) 若尾政希『「太平記読み」の時代』（平凡社、一九九九年）。

(17) 佐々木求巳「聖教開板の上より見たる浄土教聖教」（藤島達朗・宮崎圓遵編『日本浄土教史の研究』、平楽寺書店、一九六九年）。

(18) なお、四つの聖教目録において、著者比定そのものが著しく錯綜するケースもある。例えば『袖中鈔』という談義本を、先啓は蓮如真撰、泰巌は存覚真撰、僧樸は「雑書」とみなす。こうした談義本については、作表の都合上、分析対象から除外せざるを得なかった。

(19) なお、存覚が覚如の長子でありながら本願寺宗主になれなかった事情については、重松明久『覚如』（吉川弘文館、一九六四年）に詳しい。
(20) なお、参考までに『真宗法要』所収の聖教を挙げると、『三経往生文類』『尊号真像銘文』『一念多念文意』『唯信鈔文意』『末灯鈔』『御消息集』『口伝鈔』『執持鈔』『願々鈔』『最要鈔』『本願鈔』『教行信証大意』『出世元意』『改邪鈔』『歎異抄』『安心決定鈔』『持名鈔』『女人往生聞書』『浄土真要鈔』『諸神本懐集』『破邪顕正鈔』『決智鈔』『歩船鈔』『報恩記』『法華問答』『顕名鈔』『存覚法語』『浄土見聞集』『正信偈大意』『蓮如上人御一代聞書』『蓮如上人遺徳記』『実悟記』『反故裏書』『拾遺古徳伝絵詞』『慕帰絵詞』『最須敬重絵詞』『唯信鈔』『後世物語聞書』『一念多念分別事』の三九部である。
(21) ちなみに、同表中で現在も真撰とされている談義本は、存覚『纔解記』『弁述名体鈔』の両著のみである。
(22) 註(1)に同じ。
(23) 註(8)前掲書、一〇六頁。なお、『真宗史料集成』五の解題において千葉氏が指摘するように、僧樸は存覚に仮託される真宗依用の『十王讃嘆鈔』が存在することを知らず、日蓮宗依用の同名書と勘違いして先啓の見解に批判を加えている。つまり、引用箇所に関していえば僧樸の主張は見当外れなのだが、本章では彼が先行する『浄土真宗聖教目録』に対抗意識を燃やし、同書を乗り越えるべく『管窺録』を作成した証拠として引用しておいた。
(24) 註(8)前掲書、六四頁。
(25) 註(8)前掲書、五八頁。
(26) 註(8)前掲書、五七頁。
(27) 今堀註(7)前掲書。
(28) 慶應義塾大学斯道文庫編『江戸時代書林出版書籍目録集成』一～三（井上書房、一九六二年）によれば、四部聖教として出版されたもののうち、『彼岸記』『無常説記』『真宗鈔』の三部、また七部聖教のうち、『真宗意得鈔』『三身大義』『因果鈔』『肝要義』『本願信心鈔』の五部が、著者を存覚に仮託する。

(29) 註(8)前掲書、六〇~六一頁。
(30) 註(8)前掲書、七二頁。
(31) 註(8)前掲書、一〇一頁。
(32) 註(8)前掲書、一〇四頁および九八頁。
(33) 金龍静『蓮如』(吉川弘文館、一九九七年)。
(34) 本書序章参照。

※本章は平成十二年度科学研究費補助金(日本学術振興会特別研究員奨励費)による研究成果の一部である。

第四章　異安心事件と近世的宗派意識

はじめに

キリスト教にワルド派・カタリ派といった異端派が存在することはよく知られている。他方、真宗にも同様に異端的信仰が存在し、「異安心」の名で呼ばれるものの、こちらに対する認知度は一般的にあまり高くない。しかし、キリスト教の歴史が正統と異端の抗争によって築き上げられてきたように、真宗の歴史もまた絶え間ない異安心の発生によって彩られている。真宗史研究にとって異安心が不可欠の考察対象であることは間違いない。もっとも、真宗の異安心とキリスト教の異端派を見比べると、そこには明らかな位相の差も確認できる。大げさにいえば、異端の有り様には日本・西洋それぞれの土壌で発展してきた各宗教の一大特質が反映されているのである。そこで本章では、近世真宗最大の異安心事件と呼ばれる三業惑乱を取り上げ、そこから近世仏教の一特質を探り出してみたい。

さて、最大の異安心事件とされながら、真宗史研究者以外にはほとんど知られていないこの三業惑乱について、ひとまず概略を示しておく[1]。事件の発端は、宝暦十三年（一七六三）に西本願寺学林の六代能化（＝学林学頭職）である平乗寺功存が『願生帰命弁』を著し、その中で三業帰命説を説いたことに求められる。三業帰命説とは、蓮如『御文章』中にみえる「後生たすけたまへとたのむ」の語をそのまま頼む＝祈願請求の意味に捉え、しかも頼む姿は必ず、身で阿弥陀仏に礼拝し口で助け給えと言い心でひたすら往生を願う、身口意の三業を揃えたものでなければならないと主張する学説である。しかし、この説に批判的な学僧たちは、他力本願を根幹とする真宗において、「たのむ」とは阿弥陀仏の救済を疑いなく信じることにほかならず、念仏を唱えるのは祈願請求ではなく仏恩報謝のためだと反論する。こうした立場からすれば、阿弥陀仏に凡夫のほうから往生を乞い願う三業帰命説など、自力偏向の異安心にすぎないことになる。

ただし、三業帰命説が異安心であるという糾弾は、功存の生存中には学僧レベルの教学的なものに留まっていた。いわゆる三業惑乱騒動が本格化するのは、功存の死後浄教寺智洞が七代能化に就任してから後のことである。すなわち、寛政八年（一七九六）に能化となった智洞は、功存の三業帰命説を継承し、蓮如三百回忌法要後の演説でそれを提唱するなど、積極的な展開を図った。ここに至って、各地の在野学僧から智洞への批判が頻発し始めた。さらに享和年間（一八〇一～〇四）になると、美濃国大垣で門徒大衆数千人が本山学林を批判して蜂起したり、西本願寺境内でも全国各地から上京した僧俗が暴動を繰り返したりと、事態は混乱をきわめていった。そこでついに幕府が収拾に乗り出し、文化三年（一八〇六）には寺社奉行が三業帰命説を不正義とする裁断を下した。こうして三業惑乱騒動は、ようやく鎮静化へと向かっていった。

以上のように概観しただけでも、三業惑乱が異安心事件としてかなり異色であることがわかる。何しろこの事件では、本来正統・異端を判定すべき本山学林の学説（＝三業帰命説）が、異安心として在野学僧から糾弾されたのである。三業惑乱において、本山学林を中心とする三業帰命説信奉派は「新義派」、在野学僧を中心とする三業帰命説排斥派は「古義派」と呼ばれるが、当時の価値観で無条件に不正義を指すはずの「新義派」という名称が本山側に付された点に、この事件の複雑性が象徴されている。

もっとも、だから三業惑乱は本山対在野という対立構造で明快に図式化できるのかというと、後述するように在野にも――あるいは在野にこそ――三業帰命説の根強い信奉者が存在するわけで、単純な二項対立でこの事件を解釈しきることはできない。

また、「新義派」「古義派」の名称が、今まで説かれたこともない革新的な信仰内容を信奉する一派――すなわち「新義派」――と、祖師親鸞の教えにどこまでも忠実であろうとする一派――すなわち「古義派」――との対立図式に落ち着くものかというと、これまた厄介な問題である。というのも、「新義派」の信仰内容は必ずしも「新義」なものに収斂されてはいかないからである。(2)

以上のように、三業惑乱という異安心は、現象面での展開過程がすでに詳細となりながら、対立構造の根幹を把握するのが少々困難な事件である。しかし、多様な論点を包含する三業惑乱が、真宗史という枠組みのみに留まらず、近世宗教史全体にとっても注目すべき素材であることは間違いない。そこで本章では、対立構造の真相解明に焦点を絞り、この事件の位置付けを試みてみたい。

第一節　幕府裁断後を中心とした三業派の動向

前節では三業惑乱を宗教史の大きな枠組みの中で捉えた研究が乏しいことを指摘しておいた。そうした中でも最も貴重な成果が、奈倉哲三「本願寺門跡体制下の特質的信仰」である[3]。以下、奈倉氏の提言に沿って、この事件の注目点を探ってみよう。

三業惑乱の決着は、概説的にいうなら文化三年（一八〇六）の幕府裁断であり、それ以後の動向が注目されることはあまりなかった。既述の通り、享和年間に暴動の様相を呈した三業惑乱は、幕府の介入を招く結果となり、寺社奉行は文化三年七月十一日に本山西本願寺の百日閉門を含む関係者の処分を言い渡した。閉門期間を無事に終えると、西本願寺は宗主本如直筆の御裁断御書を披露した。その時の状況は、『本願寺史』第二巻の叙述を借りると次の通りである[4]。

十一月四日、本山の閉門が許されたので、六日宗主の御裁断並びにその披露があった。（中略）十二月五日以降、本山は使僧を諸国に派遣して御裁断書並びにその披露を行った。

この簡潔な指摘に従えば、文化三年七月の幕府裁断と、それに続く同年十一月の宗主御裁断御書披露を契機として、三業惑乱は速やかに収束へと向かったかのようである。

しかし奈倉氏は、幕府裁断後の動向を丹念に調べ、興味深い事実を指摘している。越後国では裁断から実に二十数年を経た文政十一年（一八二八）に、「三業固執の族」の教戒に出向いた本山使僧が、地元の三業派によって派遣を拒否されたというのである。こうした三業帰命説の根強さを、奈倉氏は以下のような歴史的背景によって説明する。三業惑乱が起こった近世後期とは、技術発達によって可変的な世界が拡大しつつある時期である。真宗門徒の中核とされる中小農民を例に取れば、彼らは新田開発などによって自らの力が周囲に及ぼす影響を徐々に自覚していった。このように社会に対する「自力」の働きかけが増加していく状況下で、信仰面でも阿弥陀仏に自ら働きかけていく三業帰命説は、時代的ニーズに適合するものだった。そこで、自力偏向の異安心とされるこの学説が、予想外に受け入れられたというわけである。

また、三業派の門徒たちは、本山使僧をも拒絶する強い信念に支えられていたが、奈倉氏はこの点も、三業帰命説の思想的特質によって解釈する。近世当時において平均的な門徒は、本山を媒介とする歪曲した信心しか得ることができなかった。ところが三業派の場合、自力への偏向によって阿弥陀仏と直対的な関係を結び得たため、本山使僧の権威に動じるところがなかった。以上、強烈な往生願望によって自力へと傾斜し、その主体性・能動性に基づいて底流にたくましく生き残っていった三業派は、同氏によって「真宗的思考という枠のなかで、近代へのほとんど入り口に立つ人々」であったと再評価される。

騒動の激化期ではなくあえて幕府裁断後の情勢に着目し、三業帰命説を思想史の大きな流れに位置付けた奈倉氏の研究からは、学ぶべき点が多い。ただ、枝葉ともいえる箇所にこだわってみると、同氏の解釈にはいくつかの疑問点も浮かび上がる。例えば、本山使僧さえ拒否する三業派の根強さを強調するなら、幕府裁断直前まで三業派の中心であった本山学林自身にその根強さを見出すことはできないのか。あるいは、三業派が自力への偏向から阿弥陀仏と直対的な関係を築き上げ、ついに本山権威を拒否し得たのなら、本山の学説（＝三業帰命説）を大胆にも異安心であると覆した反三業派の行為は何に支えられていたのか。上記のような疑問をまとめてみると、要するに奈倉説の弱点は以下の点に集約されるだろう。三業惑乱最大の特徴は、いうまでもなく本山の学説を在野が異安心と断罪したところにあるわけだが、その特徴に対する同氏の関心があまりに乏しいのである。そこで、なぜ在野学僧が本山学林を異安心と断罪し得たのかという点に注意を喚起しつつ、各地における幕府裁断後の状況を確認していきたい。

まずは、因幡・伯耆・但馬・丹波の四カ国における御裁断御書の披露を検討する。文化五年（一八〇八）、これらの国々に本山使僧の願楽寺が派遣され、御書披露が行われた。その際、願楽寺が本山坊官宛に出した伺い書から当時の状況を探ると、本山使僧に対する真宗僧俗の反応は以下の通りであった。[5]

態飛脚ヲ以一筆致啓上候、先以――、能（マヽ）先達而ハ関東江御下向被為遊候様承之、恐悦至極ニ奉存候、其所様方――

一御書無御障因・伯御巡行相済、二月廿六日但馬江御引移ニ相成申候、然処但・丹表余程六ケ敷趣、依之何角為御伺御役方江書簡差上申候間、宜御示談被為下、一日も早ク御報奉待候

一因・伯御巡在之儀も地頭表六ケ敷、三業徒類余程騒立候ニ付、大ニ地頭之心配ニ預リ申候、右ニ付何角言上旁、近々御坊真宗寺上京仕可申上候得共、段々振合も有之儀ニ御座候間、拙寺帰京之上、委しく言上可仕と存居候得者、此段御含置被下、真宗寺へ御引合可被遣候、右内々得貴意度如是御座候、恐々謹言

二月廿八日　　願楽寺

上田主殿様

滝弾正様

乍恐内々申上候、連印書付ヲ以御使僧巡在断申上候寺々を御召被為在候様ハ相成申間敷哉、御賢慮偏ニ奉願候

この書状によれば、因幡・伯耆両国はすでに「御書無御障御巡行」が済んだものの、御書披露の際に「三業徒類」が三業帰命説不正義の決定に憤ってかなり騒ぎ立てたらしく、「地頭之心配」にも与ったとされている。また、引き続き但馬・丹波両国でも、御書披露は「余程六ケ敷趣」が予想されるので、本山坊官に対して「宜御示談」下されるよう嘆願がなされている。その「御示談」の内容とは、三業派諸寺院への使僧巡回をひとまず延期し、後日本山へ直接お呼び出し頂けないかという、あまりに弱気な提案であった。

使僧巡回の難しさを本山坊官に訴えるためであろう。上記の伺い書には、地元の寺院から願楽寺に宛てた書状が添えられている。願楽寺の危惧を読み取るべくその書状を引用すると、以下の通りである。(6)

貴札拝見仕候、然者今般御宗意一件ニ付、御裁断御書御供ニ而、当国江御下向之趣被仰下承知仕候、乍然御裁断之趣、兼而承及候故、寺々門徒共江精々申聞候へ共、衆機一統不仕候ニ付、去卯年春当国法中連印書付ヲ以、御本山様へ御使僧御延引之段御願申上、其上豊岡役所江御窺申上、拙寺ゟ御本山御役人中迄文通仕置候へ者、此度者当国連印書付之寺別者、御巡行之儀御見合可被

成下候様仕度候、此節寺別御巡在被成、御裁断御書御披露被成、御法義御しらへ御座候様ニ罷成候ハヽ、寺々門徒共及混雑、如何様之儀出来仕候半哉、難計奉存候、依之前広ニ申上候、万一左様ニ押移候而者、却而対御本山恐入候次第、歎ケ敷奉存候、依而奉恐入候へ共、今般御巡行之儀御断奉申上度、此段宜敷御勘考可被成下候、恐々謹言

二月廿五日　　　　　　　　　　　　　　　光行寺正照

御本山御使僧　願楽寺殿

文面を素直に受け取れば、光行寺は三業惑乱に対する「衆機一統不仕候」現状を危ぶみ、「却而対御本山恐入候次第」が起こるから、使僧を延引してはどうかと情報提供しているようにみえる。ただし、この光行寺が当時但馬国における三業派の親玉的存在だったことを踏まえると、書状のニュアンスは少々異なってくる。同寺はもし御裁断御書が披露されたら「如何様之儀出来仕候半哉、難計奉存候」と、一種脅しとも取れる口調で本山使僧にお断りを申し出たのである。

結局使僧願楽寺の及び腰もあり、文化五年時点で光行寺をはじめとする但馬国の三業派諸寺院は、御裁断御書の披露を拒否できた。そして文化九年（一八一二）に丹後国仏性寺が、「知音」の多いことを理由に本山使僧となり、三業派から「回心状」を受け取ったことにより、但馬国の三業惑乱はようやく一応の収束を迎えた(7)。以上の考察から、越後国のみならず因幡・伯耆・但馬・丹波の四カ国でも、幕府裁断後の三業惑乱継続が確認できた。その中でも但馬国光行寺は特筆すべき存在であり、三業帰命説に固執する彼の強弁によって、本山使僧の派遣さえ中止されたことが判明した。

次に肥後国における御書披露を検討する。九州一帯には文化五年に本山から使僧速成寺が派遣され、

御裁断御書の披露が行われた(8)。しかし肥後一国のみは、三業派の暴動を危ぶむ藩側と折り合いが付かず、結局御書披露は延期された。その後も肥後国の反三業派寺院からは、三業帰命説不正義を決定付ける本山使僧の派遣が幾度も嘆願された。そうした嘆願書の一つから、肥後国における三業惑乱の継続状況を探ってみよう。以下は、文化六年（一八〇九）五月二十三日に肥後国の順徳寺・明専寺から本山坊官宛に出された書状である(9)。

態々飛札を以奉啓上候、先以――、次ニ各様弥御堅勝御在勤被成、珍重之御儀ニ奉存候、然者当国御門末心得違之者共に、今以聊も回心仕候様子無御座、増々三業新義之法門もつぱらニ弘通仕候、依之愚昧之道俗ハ弥以迷情ニ陥候而、御正統之御安心を新義と聞誤、御開山聖人以来御相乗被為在候御化導ハ、御前代限ニ廃頽仕、当御代ニ至候而、御安心御改転ニ而已相心得、還而御恨ニ奉存候者多く御座候、実ニ日域悉新義法門流行仕候段被及聞召、当御所様累年被遊御苦悩、御深重之御慈愍之程相顕れ、破邪顕正之御時運被為開、日本悉其御鴻恩ニ注難有御書普拝聴仕、実ニ往生之真実成程も決得仕候由之処、当件ニ限リ御正意通不相顕、却而新義流行仕候処、実ニ嘆息仕限リニ御座候、依之何卒一日も早く、破邪顕正之御書供奉之御使僧、御差向ニ相成候様、乍御手数可然御賢慮之程奉伏希候、只今通ニ被閣候而ハ、御正化之御化益相顕候時節ハ御座有間舗候（後略）

順徳寺・明専寺の訴えによれば、肥後国でも幕府裁断後なお三業惑乱は継続状況にあり、文化五年の本山使僧延期は事態をさらに悪化させたようである。三業派は「御開山聖人以来」相承されてきた正義が「当御代」に至って「御改転」されたと主張して憚らず、対照的に反三業派は身を小さくして

「破邪顕正之御書供奉之御使僧」を待ち望んでいる。この後、文化九年に河内国正迎寺が改めて肥後国に派遣され、御裁断御書の披露を行った。[10] しかし、三業派優位の同国において、御書披露さえ三業惑乱終結の決定的契機にはなり得なかったようである。文政十一年（一八二八）肥後国の順正寺・西光寺から本山坊官宛に出された書状によれば、[11]「未夕三業新義底意未回心之僧俗」が多数存在すると報告されている。また、天保三年（一八三二）に至っても、肥後国天草法中に下された下間刑部卿からの達書では、[12] 三業帰命説「固執之残党」による「新義再興の企」がいまだ危惧されている。幕府裁断という表向きの事件決着から実に二十数年の時を経て、なお肥後国には三業派の「残党」が確認できるわけで、その根強さは筋金入りのものだったといえるだろう。

最後に、摂津国誓願寺における御裁断御書の披露を検討する。文化三年（一八〇六）三月、同寺から本山坊官宛に、門徒たちの三業帰命説固執を非難する愁訴状が出されている。[13] この書状によって摂津国における三業惑乱の継続状況を探ってみよう。注目すべきは、同年二月に誓願寺が上京して、上寺の万宣寺から「御正意之趣」を説き聞かされたことである。この際、誓願寺は万宣寺に許され、御裁断御書の文面を筆写させてもらった。いち早く貴重な御書の入手に成功した誓願寺は、帰郷後に門徒たちを呼び集め、その披露を行った。ところが披露の席に出て来ない者が多く、彼らは三業帰命説不正義という裁断に不満を抱いているとの噂だった。そこで再度上京して経緯を報告したところ、上寺万宣寺は「直々罷下リ分明ニ聞紀可申」と言い渡した。万宣寺を迎え入れるため、誓願寺は先に帰郷して再び門徒たちを呼び出したが、彼らは檀那寺の要請を聞き入れないばかりか、「理不尽之過言」を言い募り、その場は騒然とした雰囲気に満ちた。愁訴状に記された「過言」の一部を引用すると以下の通りである。

> 一善七と申者申候様ハ、信するか頼むの或ハ思ふ心之趣かミヽ(マヽ)申事ニ而済不申、前々住様・前住様之御勧め通、慥ニ口ニ出シ頼申候へ者、只今之従御門跡様被仰出候ハ、何事も虚談ニ而紛敷義と申、乍恐御門跡様御儀種々之悪言ヲ吐き、今更御正意も不正化も不入申、とかく金銀さへ上ケ候得は、夫レか御正化、先達而金子入用之時ハ、雲晴寺或渡辺村正宣寺等、国々所々江御差向被為有、慥ニ頼まぬ者ハ不正化虚々也、慥ニ頼ミ候者ハ御正化と申、印形御取被為成、飽迄金銀ヲ取集メ候上ハ、又候頼む頼まぬ之僉議一向分リ不申等と□之法外之過言・悪言難尽言語ニ候、依之拙僧其理解申聞セ候得は、不法之雑言ニ而一言も聞入不申、剰へ向後ハ安心之一件ニ付、寄合等仕候ハヽ、何れ迄も受不申と申募リ、自今此方壱人ハ不帰依と申、其席江立破リ帰リ候

以上のような摂津国善七の「過言」からも、文化三年の幕府裁断が事態の解決をもたらさず、より大きな混乱を招いていることが判明する。本節で取り上げた諸国の三業惑乱継続状況を総括しても、奈倉氏の指摘する三業派の根強さは、もはや明らかであろう。しかし、善七が吐露した自己主張から、少数派ながら底流として生き残っていく三業派――本山を経由することでしか信心を獲得できない平均的門徒とは一線を画する存在――を読み取ることは可能だろうか。善七の言い分をみる限り、彼は「前々住様・前住様之御勧め通」にその信仰を守ってきたと自己認識しており、けっして本山権威そのものを否定してはいない。「只今之御門跡様」が突然「前々住様・前住様」と異なる主張を始めたから驚いて、それを「虚談」と憤っているのである。

同様の主張は、肥後国でも確認できる。前述の順徳寺・明専寺書状には、反三業派の目に映った三業惑乱の継続状況が、以下のように述べられていた。両寺によれば、肥後国における三業派は「聊も回心仕候様子」がなく、「愚昧之道俗」もいよいよ勘違いを深めていた。そして、こうした人々は、親鸞以来相承の教えが「御前代限」で廃絶し、「当御代」の宗主に至って「御安心御改転」したと思い込んでいる。摂津・肥後両国における三業派の主張は、代々受け継がれてきた真宗の教えが突然「御改転」したとする点でぴったり一致する。ここから導き出せる三業派のイメージは、奈倉氏の指摘とは随分異なるものだろう。史料上に登場する三業派は、自力への偏向ゆえに強固な信心を獲得し、本山権威を否定して底流に生き残っていった異端者ではない。むしろ彼らは、幕府裁断以前に本山自身も三業帰命説を説いてきたと、自己の正統性を強く信じて疑わない。だからこそ、幕府裁断による三業帰命説不正義を青天の霹靂のように感じ、本山使僧に反発を強めたわけである。

以上のように、自己の正統性に対する三業派の強いこだわりが確認できたところで、「新義派」「古義派」という名称の由来を再検討しておきたい。奈倉氏は三業派を「真宗的思考という枠のなかで、近代へのほとんど入り口に立つ人々」とするわけで、その評価には「新義派」という言葉の革新的な響きに少々引きずられた論理展開が感じられる。しかし、「新義派」「古義派」という名称は、実は一方的な主観によって生み出されたものである。既述の通り、享和年間に美濃国の三業惑乱は暴動の様相を呈したので、同国大垣藩の役人は、反三業派の諸寺院に調査書の提出を命じた。そこで反三業派は、三業帰命説を唱える敵方僧俗を「新義派」、自らを「古義派」と表現して、調査書を作成した。(14) この調査書が前例となって、後の幕府吟味でも「古義派」「新義派」の名称が踏襲されていった。ここから明らかなように、「古義派」「新義派」は第三者が客観的な判断で名付けたものではなく、事件の一方の当事者が他方を主観的に「新義」と断定した呼称であった。

そうであるなら、「新義派」＝三業派に必ず「新義」な信仰内容が見出せるという固定観念から一度脱却する必要がある。まして、三業派の主張に大々的な正統性の自負が確認できるのであれば、再検討は急務であろう。そこで、三業派がはたして「新義」な信仰に固執する集団なのかという根本的な疑問も新たな課題に加え、次節以降の考察を進めていきたい。

第二節　肥後国における目付役寺の設置

前節ではもっぱら三業派にスポットを当てて、幕府裁断後の三業惑乱継続状況を確認してきた。そこで、本節ではやや視点を変え、ある反三業派寺院の動向を追いながら、彼の事件認識を探ってみたい。その寺院とは河内国正迎寺である。

既述の通り、三業派が優勢だった肥後国では、文化五年（一八〇八）の本山使僧派遣が延期され、遅れて同九年に正迎寺が御裁断御書の披露を行った。その際、正迎寺は肥後藩に対して、「古義方法中之内、心得宜敷仁物」を見立て「目付役之寺」に任命すれば、「新義固執之者共」を監視できるので好都合ではないかと提案している。この提案を受けた肥後藩の寺社役は、早速国内の真宗寺院をくまなく調査し、目付役寺の候補となる二一カ寺を選出した[15]。藩側の推薦に目を通した正迎寺は、自らの見解も「仁物調書」として書き添え、本山坊官に状況を報告した。その「仁物調書」によれば、正迎寺自身が肥後藩選出の二一カ寺に下した評価とは以下のようなものであった。[16]

仁物調書

是者（マヽ、以下同） 新儀 第一張本ニ御座候、納候処世間ニ付而ハ如法第一、当時回心	専光寺
是者新儀ニ而一通リ之仁物	成満寺
是者古義方ニ而通途之仁物	善正寺
是者新儀ニ而、その向も少し有之、徳実之仁物	西福寺
同新義ニ、余程意地強人物	光善寺
右同断御座候	西養寺
右同断御座候	厳照寺
是者古義方徳実之仁物	成満寺
右同断ニ御座候	西覚寺
是者新儀強情之仁物	光宗寺
是者古儀方	教栄寺
是も古儀方徳（マヽ）	雲晴寺
是者新義ニ而徳実之仁	光厳寺
古儀方ニ而甚宜敷仁物	延宗寺
右同断御座候	善立寺

是者元来古義方ニて余程間ニ合候仁物　勝専坊
此三ケ寺、新義ニて余り不埒明仁物とも　真証寺
　正泉寺
　徳正寺
是も新儀ニ而、随分如法ニ御座候　満徳寺
是仁も新儀ニ而余程堅意地ニ御座候　正教寺

正迎寺の「仁物調書」を信用するなら、本来「新義固執之者共」を監視させるための目付役寺に肥後藩が推薦したのは、驚くべき候補者たちであった。すなわち、選出された寺院の中には三業派の中心寺院が含まれており、しかもその割合は三業派一二カ寺に反三業派八カ寺というものであった。それでは正迎寺は、本山坊官に対して怒りの「仁物調書」を提出し、候補者の再選出を望んだのだろうか。結論をいえば、事態はそのように進展していかなかった。正迎寺は、上記の三業派諸寺院が「只今ニ而者、不残廻心」したとあっさり自説を引っ込め、「被仰付候而茂、強而御故障ニも不可相成哉、何レ共御上之思召を以、被仰付可有之候御事」と決断を本山に一任したのである。「新義ニ、余程意地強人物」や「新儀強情之仁物」という人物評からすれば、はたして彼らが本当に「不残廻心」したのか怪しいものだが、ともかく正迎寺の対応は以上のようであった。なお、本山も肥後藩の人選には異存がなかったらしく、正迎寺から同藩寺社役宛に出された返状では、「何分御領法におゐて、御指支無之人体ニ御座候ハヽ、夫々御申付可被下候」と目付役寺の設置は正式に認可された[17]。

ちなみに、肥後藩に本山使僧として派遣された河内国正迎寺は、三業惑乱騒動のピークである享和

年間に、能化智洞を辞職に追い込もうと本山学林で押し問答までした筋金入りの反三業派である。[18]ところが、三業派優勢の肥後国に使僧として赴いた時、その正迎寺が取った態度とは、きわめて三業派に妥協的なものであった。また、百日閉門という処分によってもう事件には懲りているはずの本山も、肥後国目付役寺の設置に際して、ほとんど三業帰命説への問題意識を欠如したかのような姿勢を示している。

本節で確認したこれらの動向は、筆者にとってきわめて興味深いものである。しかしその意味をいち早く導き出すことは、ひとまず避けたい。むしろここでは、前節でみた幕府裁断後の三業派と、本節でみた反三業派正迎寺という両者の事件認識を、相互連関的に考察しておく。

奈倉哲三氏の見解に従えば、本山使僧をも拒否する三業派のバイタリティーとは、三業帰命説という主体的・能動的な教えに支えられたものであった。そこには、三業惑乱を先鋭化した異端信仰と高圧的な正統信仰の激突と捉える視角がある。しかし、本節で考察した反三業派正迎寺の姿勢とは、三業帰命説に対してあくまで妥協的なものであり、正統信仰を強制する高圧さには希薄であった。正統性への自負ということでいえば、前節でみた肥後国や摂津国の三業派僧俗のほうが、強くそれを保持していたとも考えられる。現実の三業派は、奈倉氏の指摘するような少数の異端者ではなく、また高圧的な正統信仰に抑圧された存在でもない。以上を踏まえるなら、三業派の本山使僧拒否にも、それを支える別な信念を想定する必要が出てくる。

次節では、こうして浮かび上がったいくつかの論点を念頭に置きつつ、反三業派の旗頭として活躍した安芸国の学僧たちに注目する。そして、彼らにとって「古義派」の自負とは何であったのか解明してみたい。

第三節　安芸国学僧蓮教寺大龍の教義的立場

安芸国は、三業帰命説破斥の書『横超直道金剛錍』を著した大瀛を筆頭に、多くの反三業派学僧を輩出した国である。前二節では、ためらいなく自己の正統性を主張する各地の三業派僧俗、意外にも三業帰命説に妥協的な反三業派正迎寺、異安心事件の自覚に乏しい本山西本願寺という、一見併存困難な個々の要素に言及してきた。そこで本節では、ここまでの考察に連関性を持たせるため、反三業派の旗頭的位置にあった安芸国に注目する。具体的には、反三業派の一人である蓮教寺大龍に焦点を絞り、彼ら安芸国学僧の三業惑乱認識を検討したい。

大龍の事件認識を探る上で重要な史料は、廿日市蓮教寺所蔵「大龍師記録」である(19)。この史料は、三業惑乱終結後に寺格の昇進を望んだ大龍が、事件中の自らの功績を連綿と書き綴ったものである。その意味では客観的な史料価値には乏しいものの、安芸国一学僧の目に映った主観的な三業惑乱イメージを知るには格好の素材といえる。そこで「大龍師記録」に基づき、三業惑乱中の彼らの活躍を追っていきたい。

既述の通り、三業惑乱の発端は六代能化平乗寺功存が著した『願生帰命弁』であるが、本格化の契機は浄教寺智洞の七代能化就任とその後の積極的な三業帰命説提唱である。そして、本山学林が太鼓判を押す三業帰命説は、やがて全国各地へ波及していった。ちょうどその頃、大龍の師匠である大瀛は病を患っていたが、「病中勤て人参を含ミ気力を助て筆を起し」という決死の努力で『横超直道金剛錍』を書き上げ、三業帰命説を徹底的に論駁した。さらに同門の学僧を集めて「講筵」を開き、「芸国之同志膺を堅て仏祖之怨敵たる邪塊桃花坊（＝智洞――筆者注）を退治すへし」と決意を固めた。

こうして日々を過ごすうちに、大瀛はある夜弟子の大龍を呼び出し、以下のように告げた。

若表向ニ而桃花坊江問詰書を差登候ハ、、所弁者不然と転化すへし、先ニ桃花之所立聢与審定せされは無益なるへし、夫ニ付其方早々致上京候而桃花坊江応対して程能取計、当夏講弁之趣意侍者之筆記を取帰り候ハ、夫を以而問詰書相調差登申度、其段可然取計ひ呉候様厚ク被相頼候得共、誠ニ一大事之御使ニ候得ハ外ニ抜群之人御撰ひ被仰付可然旨再三相断申候得共、此度之役者学智のミニ而も難整、其方義隣国之方言も能存居候事故無辞退相勤候様被申候、其故ハ芸州と聞候ハ、敵者用心して実義を答申間敷と存し、其計略者此一紙ニ認メ置たり、慧遠と言は其方之仮名、道岳と申者此方之仮名也、此一紙を以て能々取計答釈を取帰可申者其方ならて成就すへき者なし、此義成就致候ハ、第一奉仏祖大善知識広大之御報謝且可為忠勤間、速ニ受合呉よと被申付候

大瀛が思い悩んでいたのは、どのようにして本山学林から三業帰命説提唱の確証を奪取するかであった。というのも、最初から表立って「問詰書」を提出すれば、智洞は警戒して自説を胸中に隠し、異安心を述べないかもしれない。このように危惧した大瀛は、大龍を上京させ、あらかじめ智洞の所論を聞き出させようと画策したわけである。思いがけない大役に驚き、大龍は師匠の頼みを再三断った。しかし大瀛は、今回の役目を果たすために、「学智」のみならず「隣国之方言も能存居」大龍の能力が必要だと力説した。そして、大瀛は道岳という「仮名」で智洞への質問書を作成し、大龍にも

慧遠という「仮名」を与えた上で、この質問書を託した。

師匠の並々ならぬ決意に奮起した大龍は、早速上京すると、「予州松山之慧遠」であると偽って本山学林を訪ねた。そして、「朋友之道岳」のために「御安心之一大事之御事難有御講弁」を筆記してもらえるよう智洞の侍者普済に頼み込み、あっさり質問書への朱書を手に入れた。大龍がこの朱書を携えて帰国したことにより、智洞の主張はいよいよ明らかになった。そこで、安芸国の学僧は一堂に会して智洞の学説を検討し、詰問書である『十六問尋』を本山学林に提出した。大龍の回想によると、この『十六問尋』は「鉾先するどくあたりかたく候哉」、学林は「五ヶ年之間答書を来す事」ができなかったようで、普済朱書を奪取した大龍の功績もまた多大だという結論になる。

以上、必ずしも客観的とはいいがたい史料を用いて三業惑乱における大龍の活躍振りを追ってきたわけだが、そこから二つの局面が読み取れる。一つは偽名まで用いて智洞の真意を聞き出そうとする、三業帰命説排斥に先鋭化した安芸国学僧の姿勢である。「芸州と聞候ハ、敵者用心して実義を答申間敷」という大瀛の発言は、彼らのやや過剰な自意識を端的に表現している。そしてもう一つの局面とは、意外にも三業帰命説の問題性に無自覚な本山学林の態度である。偽名まで用いて智洞の主張を聞き出そうとする安芸国学僧とは対照的に、本山学林は三業帰命説提唱を用心深く秘匿しようとはせず、あっさり回答書を筆記している。しかも普済個人の朱書では心許ないと考えた大龍が、「尚此御書入ハ御能化様御一覧之上被仰付候御義ニ候哉」と執拗に念を入れたところ、普済は怪しむこともなく翌日までに能化智洞の閲覧を済ませ、「御能化様江懸御目候処此通ニ而宜敷と被仰出候」と確約している。

以上のような経緯を踏まえると、三業惑乱の対立構造とは、お互いに先鋭化した三業派・反三業派の二極的なものではなく、一方的に先鋭化した一部学僧たちによる本山学林への対決強要と捉えたほうがよさそうである。この推測を裏付けるべく、文化五年（一八〇八）本山坊官宛に出された大龍の書状を検討してみよう[20]。

一筆啓上仕候、先以――、然者先達而隣国者御国法義御糺之御使僧御差下被成候得共、当国之処ハ何時共難期、尤国法江御駆合被為在当年之内御差向ニ相成候様風説も承り候得共、只一端之風聞耳之事哉、此節ニ而者為何噂も無御座、如何相成候儀ニ御座候哉、何卒早々御差向ニ相成候様御取計被成下度奉願候、夫ニ付自然今明年之内御差下シ被為在候様ニ相成候節者、御使僧御人柄之処者御本山様御思召可被為在御座事ニ御座候得共、兼而御承知被下候哉、当国之内ニも新義之徒も有之、有方之僧も新古之中間ニ進退シ、意業運想程ハ相用候人も御座候得者、法義筋ニ手厚キ御人柄御差下不被為在候而者甚無覚束奉存候間、少々学才も御座候人を御撰被成御差向被為成被下候様奉願上候

ひとまず上記の書状が出された事情を説明しておくと、文化五年時点の安芸国には、御裁断御書を披露する本山使僧がまだ来訪していなかった。もっとも、安芸国は反三業派一色の地域だから、但馬国や肥後国のように、三業派の反発で使僧派遣が延期されることはあり得ない。同国は真宗勢力が圧倒的に優勢なため、伝統的に藩権力による規制が多く、今回も本山使僧派遣に伴う僧俗の熱狂が警戒されたと思われる[21]。そこで、大龍は早期の御書披露を望んでこの書状を提出したわけである。

こうして提出された書状中には、大龍の興味深い現状認識が示されている。すなわち、安芸国は反

三業派の旗頭とされているが、「当国之内ニも新義之徒も有之、有方之僧も新古之中間ニ進退シ、意業運想程ハ相用候人も御座候」、だから迅速に御書披露を済ませてほしいというわけである。事実を押さえておくと、反三業派優勢の安芸国において、目立った三業派の活動は確認できず、たとえ使僧派遣が延期され続けても、「三業固執の族」が勢いづく危険性は全くなかった。ところが、三業帰命説排斥に先鋭化した大龍にとってみれば、その安芸国でさえ多くの真宗僧俗は確固たる自覚も持たず「新古之中間ニ進退」していることになる（なお「意業運想」とは、口に出して祈願し、身で礼拝するほどではなくとも、心の中で阿弥陀仏に乞い願う信仰態度を指しており、三業帰命説の一亜種とされたものである）。

こうした大龍の懸念を、前二節の考察と併せて考えるとどうなるだろうか。自己の正統性を大々的に表明する全国各地の三業派と、三業帰命説にいささか妥協的な反三業派正迎寺とは、一見不釣り合いな取り合わせに思われる。しかし、一握りの学僧のみが三業帰命説排斥に先鋭化したとみるなら、両要素もそれなりに整合的な位置付けが可能だろう。三業帰命説に対する異端視は総じて強力なものではなく、大部分の僧俗は「新古之中間ニ進退」していたのである。

まして、三業惑乱の争点自体、『御文章』中の「後生たすけたまへとたのむ」の語を、頼む＝祈願請求の意味に取るか、信じるの意味に取るかというデリケートなものだったわけで、「新古之中間」に位置する門徒大衆の混乱はなおさら深刻だったと考えられる。

「瞽女口説地震の身の上」という口説節に次のような一節がある。[22]

仏ケまかせのぢいばゞたちも、あちらこちらです、めがちがひ、どれが誠か迷ひははれぬ。後生の大事はたのます方と、すゝめながらもだんなをよせて、金の無心はおたのみ方よ、口へ出すは自分のたのみ、口へださねばがいけにそむく、およりだのさうぞくなど、、しりもせぬことうかべたやうに、おのもわからぬ後生をもだき、はてはたがひにいさかひ計リ、中カにみごとなりやうげをいひ（マヽ）ば、両刀つかひをみやうもくつける。

上記の口説節は、文政十一年（一八二八）の越後国大地震にかこつけて、武士・職人・商人から宗教者に至るまで風俗の乱れを一々諷刺し、それらを災害発生の根本要因に位置付けたものである。引用した一節では、真宗の教えが、口に出して頼めば自力偏向と咎められ、口に出して頼まなければ蓮如の改悔文に背くと皮肉られている。そして、困惑する門徒たちの中でもみごとな領解をしている者がいたので、両刀使いと名付けてやったと、話はおもしろおかしく締め括られる。「瞽女口説地震の身の上」はもちろんフィクションにすぎないが、三業惑乱当時の状況を巧みに捉えた史料ともいえる。口に出して頼めば自力であるし、頼まねば蓮如の教えに反するというジレンマは、「新古之中間ニ進退」する多くの真宗僧俗たちが、共通して抱える悩みだったのである。

以上、筆者は三業惑乱の対立構造を、従来いわれてきたような二極対立では捉えない。むしろ、三業帰命説がそれなりに「正統」な教えとして定着している状況下での、一握りの学僧による本山学林への対決強要とみる。奈倉哲三氏は、三業帰命説＝「新義」な信仰という認識を前提に、少数派ながら底流で根強く生き残る三業派の姿を描き出した。しかし、筆者は多数派からの逸脱という側面で捉えるなら、それに該当するのはむしろ安芸国学僧に代表される先鋭的な反三業派であると考えている。そう理解すれば、自己の正統性をアピールして御裁断御書を拒否する三業派の動向も、文化三年（一八〇六）に突如三業帰命説が異安心とされたことへの驚愕と解釈できる。同時に、三業派処分に妥協的な使僧正迎寺の態度も、三業帰命説が一般的にそこまで異端視されていない基底状況下での行動と捉え得るだろう。

それでは、なぜ近世後期に在野学僧が、本山学林をも飛び越えて真宗教義を「純化」させていったのだろうか。その点については次節で若干の私見を述べるつもりである。

おわりに

最後になったが、本章冒頭に掲げた異端の有り様から近世仏教の一特質を探るという課題に基づいて、三業惑乱事件の簡単なまとめを行っておきたい。

繰り返し指摘したように、奈倉哲三氏は、自力偏向の三業帰命説を自己の力の可能性に目覚めた近世後期民衆に適合的な信仰と捉え、「三業固執の族」の主体性・能動性を高く再評価した。同氏の研究は、三業惑乱を初めて思想史の大きな流れの中に位置付けようとした、注目すべき試みである。

しかし、幕府裁断後の全国的な三業惑乱継続状況を考察した本章によれば、三業派はけっして底流として生き残っていく異端者ではなく、むしろ強固な正統意識に支えられていた。「新義派」という彼らの呼称は、「新義」が無条件に不正義を意味する近世において、反三業派から一方的に押し付けられたものにすぎない。そうであれば、奈倉氏の見解は、「新義派」に必ず思想上「新義」な内容が見出せるという前提に立つ点で、やや誤解があるとせざるを得ない。いわゆる「祈願心」の否定に基づき、「自力」の信仰を徹底排除していった三業惑乱後の真宗教団に注目するなら、むしろ教義に新たな価値観を付与したのは「古義派」のほうとみることも可能なのである[23]。

ここで留意しておきたいのは、「自力」の徹底排除という現在まで繋がっていく真宗教義の根幹が、普遍的な価値観として常に存在したわけではなく、近世後期に新しく生み出されている点である。しかもその価値観は、生み出されるやいなや、「古義」すなわち宗祖親鸞以来の教えと措定され、他宗派と一線を画する真宗の宗派意識を強力に支えていくのである。

以上のように突き詰めていくと、やはり宗派意識が明確化する近世という時代に言及せざるを得ない。黒田俊雄氏が指摘したように[24]、中世的な宗教世界では南都六宗と天台真言両宗が融合的に顕密体制を構築し、圧倒的な正統性を誇っていた。そして、その正統勢力を前にする時、真宗や日蓮宗などは異端派そのものでしかなかった。ところが江戸幕府は、仏教諸本山に対して一律に宗教者支配権を分与したため、諸宗は正統・異端の別なく分立していった。ここに、日本の宗教における正統は「複数化」する。そして、複数の正統である近世の仏教諸宗は、お互いを意識し合いながら、中世にはあり得なかった宗派間の境界設定を事細かに推し進めていく。つまり、三業惑乱によって登場する「自力」の徹底排除や呪術的要素の切り捨ても、真宗が近世的な宗派意識を強化する過程として捉えなければならない。

もっとも、すでに正統が複数化してしまった近世的な宗教世界において、真宗の異安心は、キリスト教の異端派とは完全に位相を異にしている。堀米庸三『正統と異端』によれば、教会が圧倒的な正統性を保持し続けたキリスト教の場合、「異端は正統あっての存在であるから、それじたいのテーゼはなく、正統の批判がその出発となる」という。[25] 以上のようなキリスト教異端派と、近世仏教を比較すると、その違いは明白である。単独で強い正統が存在する西欧キリスト教世界に対して、日本近世の宗教世界では概して正統の力が弱く、しかもそれは容易に複数化への道を歩むのである。

本章で扱った三業惑乱事件に引き付けても、そこでは強力な正統を軸にして異端が展開されることはなく、むしろ異安心であるはずの三業派において強い正統意識が確認できる。また、最終的に幕府裁断で正統となる反三業派も、本山ではなく先鋭化された一部の在野派によって形成されている。こうしてみていくと、三業惑乱という近世真宗最大の異安心事件は、日本近世の宗教世界における正統勢力の希薄さを象徴する一事例とも評価し得る。

註

（1）以下、三業惑乱については、『本願寺史』二（浄土真宗本願寺派宗務所、一九六八年）三五五～三九六頁、大原性實『真宗異義異安心の研究』（永田文昌堂、一九七九年）などを参照した。

（2）以上のような見解に基づき、本章では「新義派」「古義派」という名称を使用せず、より客観的に両派の立場を表現している「三業派」「反三業派」という呼称を使用していく。

（3）奈倉哲三「本願寺門跡体制下の特質的信仰」（同『真宗信仰の思想史的研究』、校倉書房、一九九〇年）。

（4）『本願寺史』二、三九三～三九五頁。

（5）木村寿編『丹波国諸記・丹後国諸記・但馬国諸記・佐渡国諸記』（本願寺史料集成、同朋舎、一九八五年）二五五～二五六頁。

（6）同前書、二五三～二五四頁。

（7）同前書、一九五〜一九六頁。
（8）星野元貞編『肥後国諸記』（本願寺史料集成、同朋舎、一九八六年）一一六頁。
（9）同前書、一二一頁。
（10）日野照正編『河内国諸記』上（本願寺史料集成、同朋舎、一九九〇年）二五四および二五六頁。
（11）註（8）前掲書二五〇〜二五一頁。
（12）同前書、三〇四〜三〇五頁。
（13）日野照正編『摂津国諸記』一（本願寺史料集成、同朋舎、一九八五年）二五三〜二五五頁。
（14）『本願寺史』二、三七七頁。
（15）註（8）前掲書、一六六〜一六七頁。
（16）註（10）前掲書、三一五〜三一八頁。
（17）註（8）前掲書、一六七〜一六八頁。
（18）妻木直良編『真宗全書』七一（蔵経書院、一九一三年）四一三頁。
（19）『廿日市町史』資料編Ⅲ（一九七七年）三七八〜三八四頁。
（20）龍谷大学本願寺史料研究所所蔵『安芸国諸記』三番。
（21）『安芸国諸記』三番の文化十一年五月二十五日付書状によれば、当時の広島藩が西本願寺の使僧派遣に伴う真宗僧俗の熱狂や混乱を過剰なまでに警戒している様子がわかる。
（22）『日本庶民生活史料集成』一七　民間芸能（三一書房、一九七二年）五八九〜五九一頁。
（23）大村英昭「神仏分離と浄土真宗」（日本仏教研究会編『日本の仏教』四、法藏館、一九九五年）は、三業惑乱後の真宗教団が、硬直化した正統意識によって神頼みや呪術的心性を徹底的に排除していったと指摘し、その動向を「伝統の発明」という言葉で表現している。
（24）黒田俊雄『日本中世の国家と宗教』（岩波書店、一九七五年）。

（25）　堀米庸三『正統と異端』（中央公論社、一九六四年）。

第五章　近世真宗門徒の日常と神祇信仰

はじめに

尾藤正英「日本における国民的宗教の成立」[1]は、これまでの宗教史研究に付きものだった「宗派史」的な閉塞性[2]を打破し、近世宗教世界の全体構造把握に努めた注目すべき成果である。古くは「鎌倉新仏教」と「旧仏教」の対立図式で、そして近年は顕密仏教と異端という視角から、比較的豊かな全体構造への問題提起が行われてきた中世宗教史[3]に比して、近世宗教史研究では、全体像構築への志向が著しく欠如していた。こうした状況下で、尾藤氏は、個々人の死後の保証を仏教が担い、地域社会の現実生活における幸福を各種の神祇信仰が担うという「国民的宗教」の成立を、近世社会に見出した。「国民的宗教」の定着を立証する典型例として同氏が取り上げたのは、三十三回忌（もしくは五十回忌）の弔い上げという慣習である。民俗学的にいえば、三十三回忌を済ませ仏式の供養を終えたホトケは、死者としての個性を失い、他の先祖と一体化して地域社会を守護する祖霊になったと理解される。同氏は、弔い上げを「家」の一般的成立期である近世に生まれた慣習と捉え、ここに神道・仏教・民俗宗教が複合的に一つの役割を果たす「国民的宗教」の成立を見出したわけである。同氏の提言によって、近世宗教史研究は、複数の宗教要素を統括的に把握するための大きな枠組みを手に入れたといえる。

もちろん、尾藤氏自身も述べるように、上記の枠組みはあくまで近世的な宗教世界を把握する上での一基本モデルにすぎず、現段階ではそこからはみ出す例外的な事象も多く指摘し得る。同氏の問題提起によって可能になった、諸宗教の相互連関性を解き明かす作業は、今後も多くの事例紹介と理論的な錬磨を積み重ねていく必要がある。

例えば、安芸国や石見国など真宗勢力が他の宗教要素を圧倒する地域では、門徒の宅内から神棚を廃棄する「神棚おろし」騒動が確認できる。(4) 神棚おろしは、神祇不拝――「弥陀一向」の教義に基づいて他の仏神への敬拝を一切拒否する信仰態度――の傾向を有する真宗門徒が神頼みの無意味さを自覚して起こすものとされ、これまで近世真宗信仰の「特殊性」を象徴する事件と捉えられてきた。しかし筆者の考察によれば、神棚おろしの発生する明和年間（一七六四〜七二）は、神棚が民間に定着していく時期とほぼ重なる。そこで神棚おろしは、仏壇・神棚という類似した場をめぐって、真宗と神道がお互いにその独占を目指した抗争とも捉え得る。既述の通り尾藤氏は、ホトケを供養する位牌と神々を祀る神棚の共存性に注目して、近世的な宗教世界を論じた。しかし同時期には、両宗教要素が地域社会での主導権をめぐり、激しく排斥し合う可能性も存在したのである。

以上のように、真宗門徒の神棚おろしは、あくまで一地域事例とはいえ、仏教・神道・民俗宗教の理想的な役割分担を強調する尾藤氏の「国民的宗教」論に、強く再考を促すものである。そこで本章では、より精緻な近世宗教世界の構造分析を進めるべく、真宗勢力が優勢な安芸国山県郡を取り上げ、尾藤説の再検討と修正を試みたい。

第一節　真宗信仰の「共同体的」受容

真宗門徒の神棚おろしは、神道・仏教・民俗宗教が複合して一つの宗教を形成するという尾藤氏の見解とは対照的な事例である。それでは、個人の死後を仏教が保証し、村落共同体の日常を神道が守護するという共存状態を逸脱し、一部の真宗門徒が神棚という神祇信仰の象徴を排除し得たのはなぜだろうか。

こうした問いかけに対して、従来の研究成果に従うなら、回答は容易である。というのも、これまでの近世真宗史研究は、旺盛な真宗門徒の信仰心を、仏教が堕落した近世の例外的事例として強調する傾向にあったからである。上記のような流れに沿えば、神祇信仰拒否は尾藤氏が描き出した全体像の中でも大いなる例外と捉えられ、そうであるからこそ、真宗信仰は近世仏教史の特筆すべき研究対象ということになる。しかし、親鸞以来変わることのない「特殊」な教義を前提として真宗優勢地帯を分析する手法では、どれほど豊富な素材を取り上げてみても、結局それゆえの「特殊」な諸事例に行き着くだけであろう。むしろ重要なのは、ある種特異に映る真宗信仰の存立基盤を、特定の時代状況や当該地域の社会構造から解明することである(5)。

以上のような課題を設定し、また仏教＝個人信仰、神道＝共同体信仰という尾藤氏の指摘も念頭に置くと、注目すべきは、真宗信仰が個々人の信仰に留まらず「共同体的」にも受容されている事実で

ある。(6)

真宗信仰の「共同体的」な受容とは、いかなる状況を指すものだろうか。ここでは具体例として、安芸真宗に特有とされる化境制度を挙げておきたい。(7)近世の仏教寺院を地域住民と結び付ける根幹は、宗旨人別帳に宗判を押す檀那寺と個々の檀家との間で構築される寺檀関係である。ところが安芸国の場合、当初各地に散在していた有力真宗寺院（＝仏護寺十二坊）が、広島藩の宗教統制によって強制的に城下寺町に移住させられたため、郡部の檀家でも遠隔地である城下に檀那寺を持つケースが多くみられた。しかし、あまりに遠く離れた檀那寺では諸檀家の日常的な法務を果たせないため、寺檀関係に頼らない地縁的な信仰の枠組みが徐々に整い、状況が改善されていった。法務を行う寺院の側からすればその枠組みが化境であり、門徒の側からいえば講中ということになる。図3は現在も残る広島県千代田町の一講中（本地・古川講中）を図示したものである。破線で囲まれた部分が講中（寺院からみれば化境区）の範囲であり、A〜Hの記号が講中構成員それぞれの檀那寺の別を表している。この図に注目すると、講中が完全に地域的な区分で形成され、それゆえ全構成員の檀那寺が単一化されないことは一目瞭然である。ただし、この講中が毎月一、二度行う小寄講には、錯綜する寺檀関係に関係なく、必ず古川講中を化境区とする地元の寺院（＝化境寺、ここではAに当たる専教寺）が招かれる決まりになっている。他の講中の例をみても、小寄講に招かれるのが、必ず地元の寺院である点は同様である。また、古川講中の化境寺である専教寺が、少なくとも同講中構成員の過半数にとって檀那寺でもあるのに対し、講中構成員と化境寺の間に寺檀関係がほとんど見出せないケースも存在する。つまり講中とは、近世の寺院―門徒間関係を根幹で規定する寺檀関係とは異なり、地縁的にして共同

図3　本地・古川講中の門徒分布

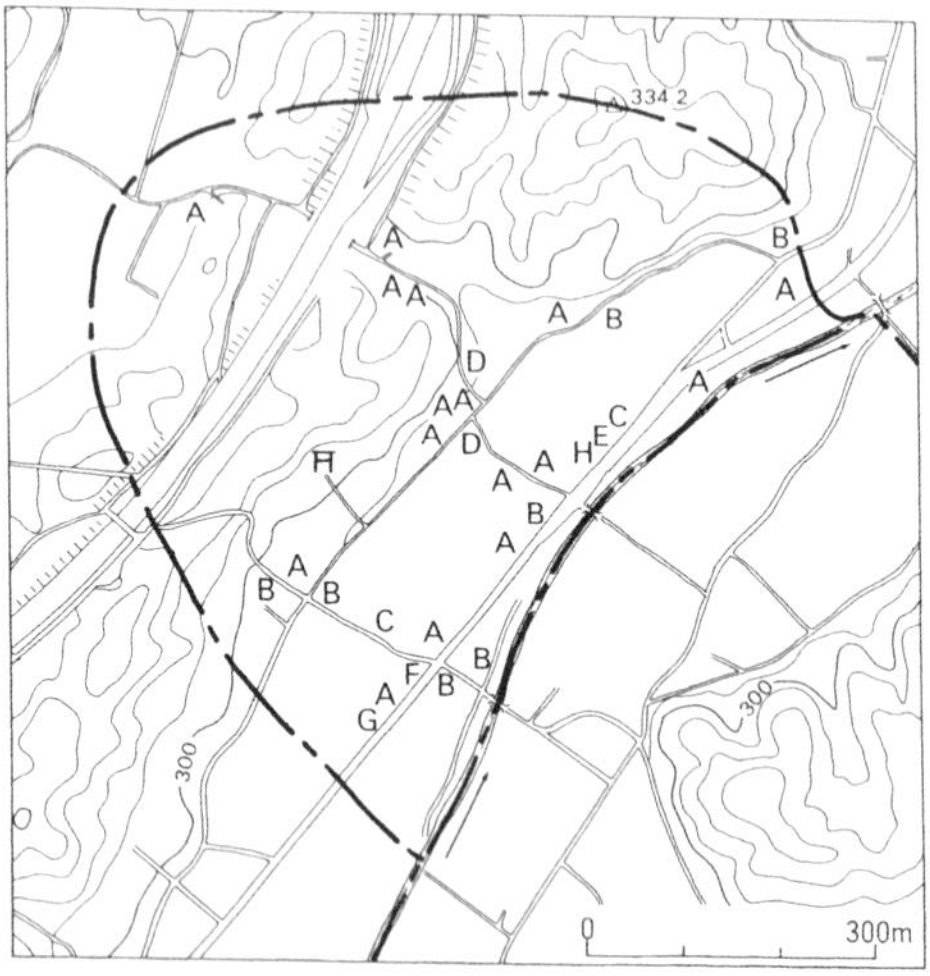

（『千代田町史』民俗編より転載）

体的なまとまりを持つ組織なのである。

また、沖野清治「近世真宗講中組織の共同体機能について」(8)によれば、講中とは単なる門徒教化組織に留まらず、相互扶助的な機能を強く有するものであった。この相互扶助は、葬送執行時の香典料負担など宗教的行為に限定されるものではない。入会地の管理から田植え作業・屋根普請の協力、果ては幕藩権力への奉仕心の涵養に至るまで、講中は地域社会における日常的生活の多くを規定した。しかも毎月の小寄講では、講中構成員同士がお互いの欠点を指摘し合う場も設けられ、我が儘勝手が目に余る者に対しては講刎（＝講中構成員の協力が得られなくなる制裁措置）さえ行われた。当然の結果として、各構成員が講中全体の意思決定に逆らうことは、限りなく不可能に近い行為だった。つまり、講中という一つの共同体に属する以上、個々人が主体的に自己の信仰を選択する余地はなかったことになる。神祇信仰に共同体守護の性格をみる尾藤氏に対して、筆者が真宗信仰の「共同体的」な受容を主張するゆえんである。(9)

以上の考察を踏まえると、近世期の安芸国のように真宗勢力が他の宗教要素を圧倒する地域では

――後述するように同国における仏教諸宗中の真宗寺院割合は、高いところでは九〇パーセント台に達する――、仏教信仰は個々人のレベルを飛び越え、共同体全体の日常生活を強く規定していたわけである。そうであれば、仏教信仰を「共同体的」に受容する真宗門徒にとって、村落共同体の現世的な幸福を保証する神祇信仰は、取り立てて必要とされなかったともいえる。別な言い方をすれば、個々の真宗門徒が、共同体の強力な規制を脱して自由にそれを求めることは、そもそも不可能であった。本書第二章において、筆者は神棚おろしの発生要因を神棚の一般家庭への普及に求めたが、その背後には真宗門徒の「共同体的」な信仰受容という基底状況が存在したのである(10)。以上のような真宗門徒の特徴を指摘した上で、本章では、彼らがいったいどのように神祇信仰と接していたのか、努めて日常的な生活空間の中で明らかにしていきたい(11)。

第二節　「加計万乗」にみる隅屋佐々木家の信仰生活

神棚おろしのような突発的事件から真宗信仰の特質を探る作業は、その先鋭的な側面を探る上で有効である。しかし、これといった事件など発生していない日常空間において、真宗門徒がどのような信仰生活を送っていたか追跡する作業も、近世真宗信仰の本質を捉えるためには重要だろう。そこで本節では、安芸国山県郡加計村の隅屋佐々木家に残される「加計万乗」(12)という史料から、真宗門徒でもある同家の日常的な信仰実態を考察する。

考察の前準備として、山県郡および加計村の宗教風土を概観しておくと、第一に指摘し得るのは、

表6　山県郡加計村檀家数一覧（文政10年）

寺院名	所在地	宗派	檀家数
徳応寺	城下寺町	真宗	199戸
正伝寺	城下寺町	真宗	188戸
報専坊	城下寺町	真宗	127戸
正善坊	城下寺町	真宗	99戸
円竜寺	山県郡大朝村	真宗	69戸
正念寺	山県郡加計村	真宗	34戸
光福寺	城下寺町	真宗	25戸
常禅寺	山県郡加計村	真宗	25戸
光福寺	佐伯郡五日市村	真宗	12戸
真教寺	山県郡戸河内村	真宗	10戸
西教寺	山県郡大朝村	真宗	6戸
安養寺	山県郡荒神原村	真宗	4戸
元成寺	城下寺町	真宗	3戸
浄泉寺	石州市木村	真宗	3戸
教信坊	山県郡大朝村	真宗	1戸
養泉寺	高宮郡飯室村	真宗	1戸
善正寺	城下寺町	真宗	1戸

（『加計町史』上巻より転載）

そこが圧倒的な真宗優勢地帯だという点である。文政年間（一八一八〜三〇）に成立した広島藩の代表的な地誌『芸藩通志』によると[13]、山県郡に存在する真宗以外の寺院はわずかに禅宗三カ寺のみであり、残る四六カ寺はすべて真宗寺院である。しかも同郡には、宗判権を持たず『芸藩通志』にも寺院として所載されない「隠地」や「帳落」が二五カ寺も存在するので[14]、実際には真宗七一カ寺にその他三カ寺という驚くべき真宗寺院の集中性が見出せる。以上のような集中性は、当然檀家数に関しても同様である。表6は文政十年（一八二七）の加計村における寺檀関係を一覧したものだが、約八百戸に及ぶ加計村住民はすべて真宗門徒である。ちなみに山県郡全般をみても、わずかな禅宗の檀家を除きすべて真宗門徒という村が大半である[15]。

次に、隅屋佐々木家の山県郡における位置付けをみておくと、同家は鉄山経営によって巨万の富を成し、また代々割庄屋も世襲した同郡随一の名家である。「国郡志御用ニ付下しらへ書出帳」という史料（前述した『芸藩通志』作成のための下調査）に注目すると、隅屋佐々木家は鑪場二カ所・酒造場四カ所・広島出店一軒・大坂出店一軒・土蔵三六カ所を所有・経営し、牛四八頭・馬四八七頭・下人二千人余りを抱えていたとされる。(16) ここから、一般村民と著しく隔絶した同家の社会的地位を看取するのは容易だろう。そして、今回検討する「加計万乗」は、隅屋佐々木家の当主が代々書き継いできたとされるもので、中世末から明治に及ぶ膨大な同家の活動記録ということになる。

さて、**表7**は同史料から宗教関連の記事を抜粋したものだが、ここから読み取れるように、隅屋佐々木家の信仰生活はきわめて雑多な性格を帯びている。まず同家は、加計村に定住し始めた近世初期に、従来の宗旨であった真言宗から真宗へ改宗したとされる。ただし、高野山から使僧を招いたり、同地に先祖代々の墳墓を建てたりと、真言宗への帰依心は改宗後も長く続いた。また、加計村の氏神的存在である長尾社は、近世初期に同家が自ら再建したものであり、同社への庇護・援助も一貫して続けられた。なお、神社への崇拝は地元の長尾社に留まらず、代々多くの当主が伊勢参宮や厳島への参詣を果たしている。

同家の信仰生活の多岐性を端的に物語るのが、文政四年（一八二一）の厳島における祈禱執行である。当時同家の当主であった正熙は、妻の嫡子出産を切望していたが、懐妊後に長尾社で神意を伺っても、辻占に尋ねても、お告げはいずれも女子誕生とのことであった。そこで正熙は、厳島社の神職に依頼し、七日間に及ぶ変成男子の祈禱を執行してもらった。ちなみに、この成果が上がったものか、翌年にはめでたく富他郎という男子が誕生している。地元の氏神や辻占のお告げに左右され、出産前の我が子に変成男子の祈禱を施す隅屋佐々木家当主の姿は、一般的な真宗信仰イメージとは随分懸け離れたものである。

真宗門徒の神祇不拝イメージと著しく異なる隅屋佐々木家の信仰生活については、すでに古くから

表7 「加計万乗」宗教関連記事一覧

年代	事項
寛永年間	隅屋家当主正久、真言宗より真宗に改宗。
明暦元年	隅屋家当主久盛・息正信、加計村長尾社を再建。厳島社を勧請。
万治元年	隅屋家当主久盛・息正信、加計村の元禅宗常禅寺を真宗道場として再建。
元禄年間	年々高野山から隅屋家へ使僧泰雲院来訪。
正徳三年	隅屋家当主正照、常禅寺へ梵鐘寄進。
享保四年	隅屋家当主久任、正念寺（真宗）へ絵伝を寄進。
享保八年	隅屋家当主久任、伊勢参宮。
享保十五年	隅屋家当主久任、常禅寺へ鐘楼寄進。
享保二十年	隅屋家当主久任、長尾社へ石灯籠寄進。
元文二年	隅屋家当主久任、常禅寺へ本願寺法主御影寄進。
延享三年	長尾社屋根葺替費の負担につき村方と悶着。
宝暦四年	隅屋家当主弟金七郎、伊勢参宮。
宝暦四年	隅屋家当主久任、家職鉄山業繁栄のため、長尾社へ湯立神楽奉納。
宝暦十一年	隅屋家当主久任、長尾社へ湯立神楽用の太鼓など寄進。
宝暦十一年	隅屋家当主弟清蔵、伊勢参宮。
宝暦十一年	隅屋家当主久任、京都西大谷にある先祖代々の墳墓を再建。
宝暦十三年	隅屋家当主久任、戸河内村実際寺（禅宗）へ一切経寄進。
明和二年	家内一同、広島城下の東照宮祭礼を拝参。岩国白山権現社へも参詣。
安永元年	隅屋家当主正任、檀那寺広島城下光福寺の余間昇進願いのため銀一貫目寄進。
安永九年	隅屋家当主正任、尾道浄泉寺（真宗）再建のため金二〇両寄進。
天明三年	隅屋家当主正任、別荘吉水亭に出雲国金屋子神社を勧請。
天明八年	新屋佐太郎、伊勢参宮。常禅寺同伴。

寛政二年	隅屋家当主正任、光福寺の余間昇進願いのため銀五〇〇匁寄進。
寛政三年	隅屋家当主正任、長尾社鳥居の屋根葺替のため寄進。
寛政五年	隅屋家当主正任、広島城下報専坊（真宗）の仏堂修繕費寄進。
寛政七年	隅屋家当主正任・新屋佐太郎、高野山泰雲院へ灯籠寄進。
寛政八年	出雲国金屋子神社の神職安部信濃守、隅屋家に来訪。神社造営費など寄進。
文化十一年	隅屋家当主正熈、高野山にある先祖代々の墳墓を再建。
文政二年	隅屋家当主正熈、光福寺境内へ位牌堂建立。
文政二年	隅屋家当主正熈、伊勢外宮へ石灯籠寄進。
文政四年	隅屋家当主正熈、出雲大社において祈禱を受け、害虫駆除の祈禱札を各村へ配札。
文政四年	隅屋家当主正熈、厳島社において長男誕生を願い変成男子の祈禱を執行。
天保七年	隅屋家当主正熈、本願寺法主より御染筆を下付。
天保十二年	隅屋家当主正銓、天保期の疫病流行のため正念寺・常禅寺へ永代読経依頼。
弘化元年	隅屋家当主息富他郎、近江国沙沙貴神社へ参詣。
安政六年	隅屋家当主正銓、大病全快につき厳島社へ雅楽奉納。
安政六年	隅屋家当主正銓、正念寺へ仏堂垂簾寄進。

注目がなされてきた。例えば、小倉豊文「ある近世山村の「安芸門徒」(17)」は、「加計万乗」にみる隅屋佐々木家の雑多な信仰生活について触れ、「こうした多神教的な信仰形態も「安芸門徒」の研究には一つの重要問題なのではあるまいか」と指摘する。雑行雑修の徹底的排除という先鋭化した真宗門徒イメージではなく、地域社会の実態に沿った信仰分析へと注意を喚起する小倉氏の提言は、現在にまでそのまま持ち越された課題といえる。もっとも、同じく隅屋佐々木家の信仰生活に着目しても、児玉識氏の主張は、小倉氏とは対照的である。すなわち児玉氏は、真宗改宗当初から濃厚な「多神教」

的信仰を併せ持ち、明治期の神道国教化政策下で熱心な神道信者に変貌していく同家を、一般的な門徒大衆とは一線を画する存在と捉えている(18)。

なるほど表7をみる限り、隅屋佐々木家の宗教援助はたしかに多岐にわたる。しかし、神道への傾斜がみられるという幕末期にも、真宗寺院への寄進は一貫して続く。そうした同家の信仰生活を早々に特殊事例と除外し、一般的な真宗門徒の神祇不拝貫徹へと論点をシフトさせる児玉氏の立論は、真宗＝特殊という固定観念にとらわれすぎたものではないだろうか。むしろ、同家の「多神教」的信仰生活を、当時の真宗門徒一般にもある程度当てはまるものと捉え、なぜ現在のような雑信拒否イメージが徐々に浸透するのかを問う小倉氏に、筆者の問題意識はより近い。

もっとも、下人二千人余りを抱える鉄山師隅屋佐々木家が、経済的にも社会的にも加計村内で浮き出た存在なのは確かであり、同家の突出性と信仰形態とをリンクさせて考える必要は当然ある。そして、その考察にあたっては、習合的な宗教文化が古来日本の伝統なのだと安易に結論するのではなく、隅屋佐々木家においてなぜ多彩な信仰が併存可能だったか、信仰構造の深部へと迫ってみる必要がある。

そこで注目したいのが、延享三年（一七四六）に発生した長尾社屋根葺替費用をめぐる争論である。費用の負担配分が問題となった同年の争論は、最終的に村方の出費を銀三〇〇匁までとする取り決めが交わされ収束した。その後の記録をみると、明和二年（一七六五）の屋根葺替では村方二〇〇匁、隅屋佐々木家二〇〇匁の出銀となっており、また天明七年（一七八七）の場合は村方三〇〇匁、隅屋佐々木家三〇〇匁である。ここから明らかなように、隅屋佐々木家再建の由緒を持つ長尾社への同家の影響力は多大なものであり[19]、一家で村方全体と同等の金額を負担していたことになる。換言すれば隅屋佐々木家は、一家のみで村落共同体と対等に対峙し得る存在だったわけである。

上記のような同家の社会的地位を考慮に入れて表7を見直すと、御利益のある神仏なら何でも拝む日本人の典型だと解釈する以外にも、別な見方が可能となるだろう。例えば、天明三年（一七八三）に隅屋佐々木家の当主正任は、出雲国能義郡にある金屋子神社をわざわざ別荘吉水亭に勧請している。これは、金屋子神社が製鉄・鍛冶の守護神だったためで[20]、正任の勧請行為の背後には鉄山師としての隅屋佐々木家の矜持――もちろん家業繁栄への期待も含めた――が存在していた。また弘化元年（一八四四）には、当主正銓が息子を近江国沙沙貴神社へと参詣させている。沙沙貴神社は、近江源氏の氏神として崇拝を集める神社だが、隅屋佐々木家は自らの遠祖をこの近江源氏に当てていたため、同社への信仰を深めたものと推測される。ただ同家の沙沙貴神社信奉は、近世初期段階の「加計万乗」にはいっさい見出せないから、後になって徐々に形成された由緒なのかもしれない。近年、羽賀祥二『史蹟論』などの成果によって、近世後期に祖先の事績をしきりに調査・顕彰し始める豪農層の動向が明らかとなった[21]。同氏の指摘に従うなら、隅屋佐々木家が沙沙貴神社を自己の氏神として崇拝しだすのも、同じような祖先顕彰の風潮と捉えることが可能である。

要するに、金屋子神社の勧請にせよ、沙沙貴神社への信奉にせよ、こうした神祇信仰への傾斜には、隅屋佐々木家の主体的な選択が働いていたわけである。前節でも指摘したように、圧倒的な真宗優勢地帯である安芸国において、門徒たちの信仰受容は、地縁的に編成される講中を基礎単位とし、「共同体的」性格を濃厚に帯びていた。そこでは、個々人が自らの立場で主体的に信仰選択する自由はなかった。隅屋佐々木家が、もし「共同体的」に真宗信仰を受容していたなら、表7にみられるような信仰の主体的な選び取りは、おそらく不可能だっただろう。しかし、同家はほとんど一家のみで、経済的にも社会的にも、加計村という村落共同体と対等に対峙できる地位を誇っていた。つまり、同家は真宗講中の共同体規制から比較的自由な立場にいたため、あくまで真宗信仰を維持しつつ、自己の主体的な選択によって「多神教」的な信仰生活を送り得たのである。

再び尾藤正英「国民的宗教」論に話を戻すと、近世期の仏教と神道はそれぞれに個人の死後、共同体の日常と自らが保証すべき役割を棲み分けさせ、競合・排斥し合うことなく巧みに併存していたとされる。しかし、安芸国山県郡のように九〇パーセント以上の真宗寺院率を誇る地域では、その信仰が個人の死後の安心のみならず、共同体の結束や日常的幸福をも独占的に保証するケースがあり得た。筆者はここに、神祇信仰拒否へと進む真宗門徒の基底要因を求めたわけである。

しかし、「加計万乗」によって真宗門徒隅屋佐々木家の信仰生活を追うと、そこでは真宗のみならず真言宗や神祇信仰など雑多な宗教要素が確認できた。これは、加計村内でも突出した位置にある隅屋佐々木家ならではの、共同体規制から自由な主体的信仰選択と捉え得る。つまり、個々人の信仰だけではなく共同体の信仰をも真宗が独占する安芸国において、共同体規制にとらわれない豪農層は、逆説的に神祇信仰へと向かい得たわけである。それゆえ、隅屋佐々木家が選び取った神祇信仰とは、共同体全体の繁栄を願うものではなく、同家の私的な願望成就へと収斂されていった。

第三節　壬生村八幡社神職井上家の日常

前節では、「加計万乗」における隅屋佐々木家の「多神教」的な信仰生活を紹介し、それを真宗講中の共同体規制から解き放たれた結果と推測した。もちろん筆者の意図は、児玉識氏のように「多神教」的な同家の信仰形態を、特殊事例と除外するところにはない。厳島社や伊勢神宮への多額な奉納はそもそも不可能としても、隅屋佐々木家と一般的な真宗門徒の神祇信仰受容が、全く隔絶していたとは考えがたい。筆者が主張したかったのは、親鸞以来変わることのない真宗教義の「特殊性」が神祇不拝を支えたのではなく、時代ごとの社会的諸条件――例えば、安芸真宗門徒における「共同体的」な信仰受容――がそれを成り立たせたという点なのである。対極にある隅屋佐々木家の「多神教」的信仰形態についても、同様の指摘が可能だろう。この信仰形態は、けっして日本古来の典型的な習合心性などではなく、良くも悪くも共同体規制から突出していた隅屋佐々木家が、主体的に自己の信仰を選び取った結果にすぎない。

それでは、隅屋佐々木家ほど主体的に信仰選択を行い得る立場になく、むしろ共同体規制の中で必然的に真宗信仰を受容していた一般門徒は、日常生活においてどのように神祇信仰と接していたのだろうか。その具体相を探るのは――そもそも「一般的」な真宗門徒とは誰かという定義も含めて――、たいへん困難な作業である。そこで本章では、山県郡壬生村八幡社の神職を務める井上家の社務記録「年中行事社方万集録」(22)から、ひとまず同郡内における一神職の日常を追ってみる。幸い同郡は圧倒的な真宗優勢地帯であり、そこにおける神職の活動追跡は、必然的に地域住民＝真宗門徒の神祇信仰認識へと繋がっていくからである。

まず前節にならって壬生村の宗教風土を概観しておくと、真宗寺院率九〇パーセント台の山県郡に相応しく、同村の宗教要素も真宗一色である。**表8**は宝暦七年（一七五七）の壬生村における寺檀関係を一覧したものであるが、わずか三軒の禅宗檀家を除き、一二四軒すべて真宗門徒である。ちなみに禅宗三軒中の一軒は、ほかならぬ壬生村八幡社の神職井上家である。ここから、信仰の内実はともかく、神祇不拝を標榜する真宗と神職とが、お互いに何らかの対抗意識を有していたことが推測される。ただし、現段階で井上家が禅宗に属した具体的な事情は、史料上明らかにし得ない。

次に、井上家が安芸国の神職集団の中でどのような地位にいたか、簡単に触れておきたい。同家は、まだ近世初期段階の明暦元年（一六五五）に上京して本所吉田家から神道裁許状を授与されており、かなり有力な神職であったことがわかる。その事実を裏付けるように、延享二年（一七四五）には吉

表8　山県郡壬生村檀家数一覧（宝暦7年）

寺院名	所在地	宗派	檀家数
報専坊	城下寺町	真宗	28戸
勝龍寺	山県郡蔵迫村	真宗	20戸
教得寺	山県郡壬生村	真宗	19戸
円光寺	山県郡今田村	真宗	13戸
法専寺	山県郡今田村	真宗	9戸
敬覚寺	高田郡横田村	真宗	9戸
光明寺	山県郡有田村	真宗	6戸
真行寺	城下寺町	真宗	3戸
西光寺	山県郡寺原村	真宗	3戸
長楽寺	高田郡多治比村	真宗	3戸
浄泉坊	山県郡本地村	真宗	3戸
海雲寺	城下平田屋町	禅宗	3戸
光禅寺	佐伯郡五日市	真宗	1戸
浄楽寺	山県郡本地村	真宗	1戸
円立寺	山県郡大朝村	真宗	1戸
専教寺	山県郡本地村	真宗	1戸
光慶寺	高田郡下根村	真宗	1戸
専立寺	高宮郡上町屋村	真宗	1戸
大福寺	山県郡有田村	真宗	1戸
善定寺	山県郡吉木村	真宗	1戸

（「山県郡壬生村宗旨御改帖」〈『壬生井上家文書』〉より作成）

田家から山県郡の筆頭注連頭役に任命され、同郡神職集団のまとめ役になった[23]。

それでは、井上家が取り仕切った山県郡神職集団の実態とはどのようなものだったのか。『芸藩通志』によって文政年間の様相を探ると、同郡内には一一八社の神社が存在する（ちなみに、同郡の村総数は当時七四カ村）。ただし、『芸藩通志』は「祠廟、寺院は官籍に載たるもの、皆録すべけれど、小祠、小堂、記すべきことなきは皆もらす」という広島藩の編纂方針によって編まれたものであり、一一八社はあくまで氏神レベルの主要な神社の数である。試みに『芸藩通志』編纂の下調査として作成された「国郡志御用ニ付下しらへ書出帳」をみると、壬生村では神祠四社・小祠八社の計一二社が計上されており、八幡社一社のみ載せる『芸藩通志』の記述をはるかに上回る。一郡単位でみれば、さらに大量の小祠が存在していたのは確実である。宗判権を持たない「隠地」「帳落」を入れて七四カ寺という寺院数と比較しても、真宗優勢地帯における十分な非真宗的要素と呼び得る。ただし、これらの神社を管理する神職はというと、『芸藩通志』に載る総数はわずか二七人を数えるばかりである。もちろん近世の神社管理自体が、一般的に村持（あるいは寺持）を常態とするものであり[24]、神社が存在しても神職がいない状況は、当時の常識といえばそれまでである。しかし本章では、安芸国の真宗信仰が「共同体的」に受容される過程に注目してきたわけで、共同体の日常生活を保証する神祇信仰の定着に、上記の条件がいかなる影響を及ぼしたか、検討する必要はあるだろう。

こうした筆者の課題設定に対して、きわめて示唆的な史料が、近世中期に作成された広島藩の地方書『芸備郡要集』である[25]。同書には以下のような叙述が見出せる。

九月（中略）氏神祭礼も多、郡中賑々敷月也、村々の氏神の社禰宜・神主、夫々には無之数社を

壱人して兼帯社務多也、安芸八郡者真宗多き故、神社は殊外衰微、社之修理も大概村中高掛入用ニ而随分軽麁ニ調候与也

ここでは、圧倒的な真宗勢力を前にした神祇信仰の希薄化が語られている。当時の村役人層の一般認識として、上記のような発言が登場する事実は興味深い。しかも、神職の絶対数が大幅に不足する安芸国において、彼らは本来自己の奉仕社でない複数の神社を兼帯し、かろうじて神事を執行できたとされる。真宗勢力の優勢→神社の衰微という『芸備郡要集』の指摘は、はたして妥当なものだろうか。結論へと急ぐ前に、ひとまず安芸国の神職集団が、どのようなかたちで周辺村落の神事執行に関わっていたのか、事実確認をしてみよう。

表9は、前述の「年中行事社方万集録」から、壬生村八幡社神職井上家の天保十二年（一八四一）における神事祭礼従事状況を一覧したものである。「年中行事社方万集録」は、膨大な同家の社務記録であり、享和元年（一八〇一）に始まり、明治期まで続く。ここでとくに天保十二年を取り上げたのは、凶作・飢饉が相次ぎ村落が危機に瀕した同時期に、(26)真宗優勢地帯の神職がいかなる対応を示したかという、筆者の問題関心に基づいている。ただし、天保十二年以外の「年中行事社方万集録」でも、祭礼日に若干の異同がみられ、また凶年に臨時の祈禱が増加することを除けば、井上家神職の活動範囲や祭礼日数に年代による決定的な違いは確認できない。

さて、同表から井上家の祭礼執行状況をみると、まずその活動範囲の広さに目が行く。同家の神職が祭礼を担当している神社は、自らの奉仕社である壬生村八幡社のほかに、山県郡では同村の胡社・若宮・毘沙門堂・新宮社・大歳社、有田村の厳島社・八幡社・胡社・大元社、南方村の八幡社五社

表9　「天保十二年・年中行事社方万集録」にみる井上家の神事祭礼従事状況

月日	場所	神事
一月一日	壬生村八幡社	天神地祇祭
一月二日	壬生村八幡社	国恩祈禱
一月五日	壬生村胡社	春祭
一月二十五日	壬生村八幡社	御湯立
二月十四日	壬生村若宮	春祭
三月三日	壬生村毘沙門堂	春祭
三月三日	壬生村新宮社	春祭
三月十五日	壬生村八幡社	春祭
三月十七日	有田村厳島社	春祭
三月二十三・二十四日	高田郡北村八幡社	春祭
三月二十四・二十五日	高田郡北村天満宮	春祭
三月二十六日	高田郡桑田村八幡社	種祭
四月一日	有田村八幡社	春祭
四月四日	壬生村新宮社	春祭
四月十九日	壬生村八幡社	宿願成就祈禱
四月二十七・二十八日	壬生村八幡社	病気平癒祈禱
五月一日	壬生村八幡社	営業繁昌祈禱
五月十九日	南方村八幡社三社	虫送り
五月二十日	春木村八幡社	虫送り
五月二十日	壬生村新宮社	夏祭
五月二十四日	壬生村八幡社	虫送り
五月二十五日	壬生村八幡社	御湯立

五月二十五日	有田村八幡社	虫送り
五月二十五日	本地村八幡社	虫送り
五月二十六日	川井村八幡社	虫送り
五月二十六日	壬生村八幡社	虫送り
五月二十七日	壬生村八幡社	獅子舞
六月一日	壬生村胡社	鎮火祭
六月二日	高田郡土師村三社（八幡社二社・高杉社一社）	虫送り
六月九日	有田村八幡社	虫消除祈禱
六月十一日	壬生村新宮社	虫消除祈禱
六月十三日	高田郡土師村三社	祈雨祭
六月十三日	本地村八幡社	虫消除祈禱・祈雨祭
六月十六日	壬生村八幡社	虫消除祈禱
六月十七日	壬生村八幡社	国主祭
七月九日	南方村小木次谷八幡社	柿落神事・御湯立
七月九日	南方村畑谷八幡社	稲虫退散祈禱・風鎮止雨祭
七月十日	本地村八王子社	稲虫退散祈禱
七月十二日	南方村額田部八幡社	稲虫退散祈禱
八月一日	壬生村新宮社	社殿遷宮
八月十二・十三日	高田郡土師村両八幡社	秋祭
八月十五日	川井村八幡社	秋祭
八月十五日	壬生村新宮社	秋祭
九月九日	南方村中原谷八幡社	産神祭
九月九日	南方村本郷八幡社	産神祭
九月九日	有田村八幡社	産神祭

九月十三日	壬生村八幡社	新嘗祭
九月十四・十五日	南方村畑谷八幡社	産神祭
九月十五・十六日	本地村三社（八幡社・中野御前・山王権現）	大祭
九月十八日	壬生村新宮社	大祭
九月十九日	壬生村八幡社	大祭
九月十九日	南方村額田部八幡社	大祭
九月十九日	南方村小木次谷八幡社	大祭
九月二十五日	壬生村八幡社	御湯立
九月二十八日	高田郡土師村高杉社	大祭
十月七日	戸河内村大歳社	国恩祭
十月十三日	本地村八王子社	大祭
十月十五日	有田村胡社	社殿遷宮
十月十六日	有田村大元社	例祭
十月二十日	壬生村胡社	例祭
十一月二十九日	壬生村若宮	例祭
十二月十日	壬生村大歳社	例祭

※郡名を省いた村はすべて山県郡に属する。

（小木次谷・畑谷・額田部・中原谷・本郷）、春木村の八幡社、本地村の八幡社・中野御前・山王権現・八王子社、川井村の八幡社、高田郡では北村の八幡社・天満宮、桑田村の八幡社、土師村の八幡社二社（円通寺山・日高山）・高杉社と、実に二六社に及ぶ。もちろんこれらの神社は、縄張り意識が強まった近代的な意味合いでの兼帯社ではない。井上家の神職はせいぜい祭礼日に赴いて神事代行レベルの関与を行う程度であったと推測される。しかし、そうであっても同家が抱える「兼帯社」は、大量にして広範にわたるものだった。ちなみに、こうした「兼帯社」が存在する山県郡有田村・南方村・春木村・本地村・川井村、高田郡北村・桑田村・土師村の八カ村に注目してみると、いずれの村々も位置的には壬生村に近接し、なおかつ村内に一人も神職が存在しなかった(27)。前述の『芸備郡要集』に従えば、真宗が他の宗教要素を圧倒する安芸国において、神社は「殊外衰微」しており、神職は近隣する複数の神社を「兼帯社務」していたという。「年中行事社方万集録」からも同様の指摘が可能であろう。山県郡壬生村の神職井上家は、周辺村落に多くの「兼帯社」を抱え、多忙な中で神職の務めを果たしていたのである。なお、**表9**には天保十二年に井上家が関わった六二の神事祭礼が列挙されているが、肝心な壬生村八幡社での活動はそのうちわずか一六にすぎない。

ところで、一神職による大量の「兼帯社」保有は、『芸備郡要集』が指摘するように、圧倒的な真宗勢力が神祇信仰を希薄化させた結果なのだろうか。もちろんそれは当時の村役人層の目に映った一面の真実である。しかし、一村の住民がほぼすべて真宗門徒で構成される安芸国の村々において、なお専業神職を他村から招聘する必要があったことも事実である。だとすれば、壬生村およびその周辺村落の住民――大半を真宗門徒が占めることはもはや繰り返すまでもない――が、井上家の神事執行に何を求めたか探り当てるほうが、より重要な作業だろう。

以上のような問題意識に基づいて再び**表9**に注目すると、井上家が携わった神事祭礼は、その年の五穀豊穣を祈る三～四月の春祭、稲の順調な生育のために行われる五～六月の虫送り、一年の収穫を祝う八～九月の秋祭に大別し得る。全国的な天保飢饉の被害がいまだ癒えないこの時期、五～六月の虫送り・虫消除祈禱などはとくに活況を呈し、井上家の神職は「兼帯社」を渡り歩く多忙な毎日を送った。近世村落の一般的な年中行事といってしまえばそれまでだが、真宗優勢地帯である安芸国でも、農作物の豊作に繋がる神祇信仰は盛んに執り行われ、真宗門徒もためらいなくそこに参加していた。山県郡壬生村で神職を務める井上家の多忙な日々は、同地域の真宗門徒にとって、神社祭礼への積極的な関与を意味していたといえる。

ところで、藤井昭「安芸真宗地域における信仰の構造」(28)は、丹念なフィールドワークに基づき、民俗不毛の地とみなされてきた安芸国に、田の神信仰・虫送り・雨乞いなど豊かな村落行事の残存を見出した労作である。藤井氏の指摘するところによれば、安芸国で他の宗教要素を圧倒していた真宗は、生産に関わる信仰をいっさい持たない仏教宗派だった。そのため真宗優勢地帯といえども、阿弥陀仏が代替し得ない五穀豊穣などの分野に限り、豊かに神祇信仰が花開いたというわけである。以上のような同氏の立論は、本章の考察を進める上でも非常に有効である。なるほど「年中行事社方万集録」に注目しても、確かにそこで展開される神事祭礼の多くは、豊作祈願・虫送り・収穫祭などいずれも農作物の生産に関わるものだった（ちなみに、四～五月にかけて病気平癒や宿願成就といった現世利益的な祈禱が行われているが、これらはすべて井上家と日常的な関わりも深い村役人層の依頼による）。個人の死後のみならず、共同体の日常をも保証した安芸国の真宗信仰であるが、村落共同体が何よりも必要とした生産に関わる信仰まで代替することはできなかった。ここに、神祇不拝を貫徹させるステレオタイプなイメージとは異なり、真宗門徒が多彩な神祇信仰を受容していく素地があったといえる。

本節での分析結果を、前節で取り上げた隅屋佐々木家の神祇信仰受容と対比してみよう。同家の場合、共同体規制から脱却し、個人や家の繁栄のため主体的な信仰選択を行ったところに、その特徴を見出せる。他方、真宗門徒一般の神祇信仰受容は、村落共同体にとって最大の関心事であった豊作祈願に収斂される。以上の結果を踏まえると、真宗門徒もまた、共同体の支柱となる農作物の安定に関しては、わずかな数の神職をフル稼働させ、神祇信仰による保証を選び取っていたといえる。尾藤氏の指摘する共同体信仰としての神道は、上記の点に限っていえば、真宗優勢地帯でも妥当であった。

おわりに

最後に、本章で考察した真宗門徒と神祇信仰の関わりを整理し直し、また新たに登場した問題点を提示することで、まとめに代えたい。

本章は、個人信仰としての仏教と共同体信仰としての神道の共存に注目する尾藤氏の提言を受け、いくつかの地域事例によって、この枠組みのさらなる精緻化を試みたものである。すでに明らかなように、筆者の立場は、尾藤氏の提示した近世宗教世界の全体構造を全面的に解体・再構築しようとするものではなく、むしろ大枠において同氏の解釈に与する部分も多い。しかし本章で強調したかったのは、仏教と神道の役割分担が、けっして理想的な調和を維持し続けるばかりではない点である。

例えば、真宗が他の宗教要素を圧倒する安芸国の場合、仏教信仰もまた、個人の死後の保証に留まらず、共同体の日常をも規定する可能性・志向性を有していた。なお、こうした共同体掌握の志向は、けっして「排他的」な真宗に固有の問題などではなく、ある宗教要素が地域社会全域を覆う場合、仏教諸宗で起こり得たと考えている。また、立場を神道の側に移しても、同様の主張は可能だろう。復古神道を代表する平田篤胤が、師と仰ぐ本居宣長の学説を根底から否定し、死後の霊魂の行方とその安定を探究し続けたことはよく知られている(29)。仏教寺院はあわよくば共同体の幸福をも保証する存在として、自己の領域拡大を目指したし、神道家もまた檀家制度という仏教に圧倒的優位な条件下で、せめて自らの死後は神道教義によって保証されたいと切望したわけである。以上のような複数の志向が、諸地域の社会構造に絡み合いながら、近世的な宗教世界を構成していた。

ところで、真宗優勢地帯である安芸国山県郡において、自らも真宗に属する隅屋佐々木家は、きわめて「多神教」的な信仰生活を送っていた。ただし本章では、こうした事実を日本古来の伝統的な習合心性として把握することは避けた。重視すべきは、隅屋佐々木家が一家のみで村落共同体と対等に対峙し得る位置にいた点である。「共同体的」に真宗信仰を受容している一般門徒の場合、そもそも自由に信仰を選択する余地はなかった。しかし、村内で突出していた隅屋佐々木家の場合、共同体規制から解き放たれ、主体的に多彩な信仰を選び取れたのである。本旨からややずれるが、「多神教」的な信仰をもって日本人の典型とする一部の日本文化論に対して、筆者はそれがある種の思考放棄であり、普遍的な「日本人」を超時代的に設定してしまうものではないかと危惧している。「多神教」的な信仰が、ある個人・集団にとってなぜ可能となるのか、時代・地域を厳密に限定しつつ、探ってみる必要がある。

また、個人信仰のみならず、講中の展開に支えられ共同体信仰ともなり得た真宗信仰であるが、それによって完全に神祇信仰を排除することはできなかった。というのも、近世村落にとって不可欠の豊作祈願を阿弥陀信仰では代替できなかったからである。だからこそ真宗門徒たちは、数少ない地域神職を最大限に利用して、農耕儀礼には積極的に関与していった。共同体信仰にも様々なレベルが存在し、農作物の安定は、真宗優勢地帯といえども、神祇信仰が保証していたといえる。

最後に、真宗優勢地帯と神職の関係について考えておきたい。通説的にいえば、神祇不拝傾向を有する真宗信仰は、必然的に神道勢力を圧迫するものとみなされている。[30]しかし、壬生村八幡社神職の井上家が、他村他郡にまで「兼帯社」を抱え、村落住民に望まれて神事祭礼を執行する姿に注目すると、はたしてその通説的な理解は全面的に妥当といえるだろうか。例えば、有力な天台真言系寺院が存在する地域において、周辺神社の管理を僧侶が一手に掌握するケースは珍しくなかった。[31]ここでは、神職が直接的に仏教勢力に圧迫されているとみなし得る。しかし真宗の場合、神祇不拝を標榜するために、原則として僧侶が神事祭礼に関与しない。安芸国の神職が複数の神社を「兼帯社」とする事態は、実はこのような基底状況から発生していたわけである。それでは、広範な祭礼執行圏における地域住民との頻繁な交流が、文化年間（一八〇四〜一八）以降急速に進展するという地域神職の自立化[32]にいかなる影響を及ぼしたのか。その実態を探ることは、興味深いケーススタディーといえるが、すでに本章の課題を大きく超えている。後考を俟ちたい。[33]

註

（1） 尾藤正英「日本における国民的宗教の成立」（同『江戸時代とはなにか』、岩波書店、一九九二年）。

（2） この点については、中世史の立場からであるが、平雅行「中世宗教史研究の課題」（同『日本中世の社会と仏教』、塙書房、一九九二年）の指摘に大きな示唆を受けた。

（3）中世宗教史研究の流れについては、松尾剛次『鎌倉新仏教の成立』（吉川弘文館、一九八八年）や佐々木馨『中世国家の宗教構造』（吉川弘文館、一九八八年）、佐藤弘夫『日本中世の国家と仏教』（吉川弘文館、一九八七年）などを参照した。

（4）児玉識「近世社会における真宗寺院・門徒の特質」（同『近世真宗の展開過程』、吉川弘文館、一九七六年）、本書第二章。

（5）本書序章参照。

（6）なお、「共同体的」な信仰受容という視点については、澤博勝「近世の地域秩序形成と宗教」（『歴史評論』六三五、二〇〇三年）に学ぶところが多かった。

（7）以下、化境制度については、『千代田町史』民俗編（一九九〇年）一九〇〜二一六頁を参照した。

（8）沖野清治「近世真宗講中組織の共同体機能について」（『史学研究』二五四、二〇〇六年）。

（9）なお、沖野氏のように農作業などの相互扶助に力点を置くか、信仰結集機能を強調するかの違いはあるものの、児玉識「「小寄講」と近世真宗の結集機能について」や同「真宗流共同体規制について」（同『近世真宗と地域社会』、法藏館、二〇〇五年）でも、すでに村落共同体の行動を規制する真宗講中の性格が的確に指摘されている。

（10）繰り返しになるが、筆者のねらいは、神棚おろし発生に至った一つの真相――例えば、「特殊」な真宗信仰の排他性――に行き着くことではない。むしろ筆者は、神棚おろしという出来事を、複合的な諸条件の下で偶然起こった事件と捉えている。

（11）筆者は真宗＝特殊論批判という立場から、本書第三章や「他宗門徒からみた「真宗地帯」安芸」（『芸備地方史研究』二二九、二〇〇二年）などで、真宗信仰の「特殊性」を再検討した。そして、真宗＝特殊という過剰なイメージが、近世になって新たに創出されている事実を指摘した。こうした手法は、従来の真宗信仰理解を相対化するには有効だが、ややもすれば実態論を軽視したイメージ形成論に終始しがちである。そこで本章では、上記のような反省を踏まえ、実態論的に前稿の補完を目指した。なお、奈倉哲三『幕末民衆文化異聞』（吉川弘文館、一九九九年）でも、やはり真宗門徒の日常的な信仰生活が丹念に掘り起こされており、結論部分は筆者の見解と食い違うものの、方法論から学ぶ点は多かった。
（12）『加計隅屋文書』。
（13）『芸藩通志』三（芸藩通志刊行会、一九六七年）。
（14）六郷寛「近世後期の安芸国真宗寺院名簿」（『芸備地方史研究』一三九、一九八三年）。
（15）『加計町史』上（一九六一年）六六七頁。
（16）『加計町史資料』上（一九六一年）六九三〜六九五頁。
（17）小倉豊文「ある近世山村の「安芸門徒」」（『芸備地方史研究』三七・三八、一九六一年）。
（18）児玉註（4）前掲論文。
（19）「加計万乗」によると、長尾社の社参米は宝永五年（一七〇八）に至るまで半分が再建者である隅屋佐々木家に納受されており、祭礼ひねり米についても延享四年（一七四七）まで同様に半分が同家に渡されていた。ここからも、同家の長尾社に対する強い発言権が確認できる。
（20）國學院大学日本文化研究所編『神道事典』（弘文堂、一九九四年）参照。
（21）羽賀祥二『史蹟論』（名古屋大学出版会、一九九八年）。
（22）『壬生井上家文書』。
（23）引野亨輔「近世中後期における地域神職編成」（『史学雑誌』一一一―一一、二〇〇二年）。
（24）例えば、土岐昌訓『神社史の研究（増補版）』（おうふう、一九九五年）の指摘によれば、文化文政期の武蔵国において、全神社の五四パーセントは僧侶の管理する寺持、三五パーセントは村落共同体丸抱えの村持であり、専業神職が存在する神職持の神社はわずか四パーセント程度にすぎない。

(25)『廿日市町史』資料編Ⅱ(一九七五年)四一〜一〇五頁。なお、同史料は郡務に習熟した村役人が作成したものであり、当時村落上層が幅広く受容した地方書である。
(26)『加計町史』上、二六三〜二八七頁。
(27)『千代田町史』近世資料編(上)、(一九九〇年)一一六〜三三七頁。
(28)藤井昭「安芸真宗地域における信仰の構造」(河合正治編『瀬戸内海地域の宗教と文化』、雄山閣出版、一九七六年)。
(29)田原嗣郎「『霊の真柱』以後における平田篤胤の思想について」(『平田篤胤・伴信友・大国隆正』日本思想大系五〇、岩波書店、一九七三年)。
(30)児玉註(4)前掲論文。
(31)引野亨輔「近世日本の地域社会における神社祭祀と神職・僧侶」(『仏教史学研究』四七―一、二〇〇四年)。
(32)高埜利彦「江戸幕府と寺社」(同『近世日本の国家権力と宗教』、東京大学出版会、一九八九年)。
(33)なお、引野註(23)前掲論文では、安芸国に地域を限定しつつ、真宗優勢地帯における神職の自立過程を検討した。

※本章は平成十三年度科学研究費補助金(日本学術振興会特別研究員奨励費)による研究成果の一部である。

付記 本章作成にあたって、千代田町史編纂室の六郷寛氏ならびに加計町史編纂室の佐藤和子・加藤克巳両氏にたいへんお世話になった。記して謝したい。

終章　近世真宗の普遍性と特殊性

本書は『近世宗教世界における普遍と特殊』と題した。しかし、ここまでの考察から明らかなように、筆者の主張は、真宗が堕落した近世仏教諸宗の中で特殊な例外であるとするものではない。同時に、日本古来の伝統的な宗教風土は神仏混淆・神仏習合であり、これこそ日本人全般の信仰心を根幹で規定する要素だと結論するものでもない。筆者の興味関心は、日本宗教の特殊性や普遍性を実態として追究するところにはなく、むしろある宗教を「特殊」であり「普遍的」であると措定していく語りの裏に隠された意図のほうにあった。

話は突然逸れるが、ここで明治期に活躍した真宗僧侶島地黙雷の語りの中から、ある宗教を普遍視・特殊視することの意味を探ってみたい(1)。島地黙雷といえば、新政府の神道国教化政策に抗して政教分離・信教自由を主張した人物として有名である。そして、彼の思想に最も大きな影響を及ぼした出来事が、明治五年（一八七二）からの外遊であった。この外遊によってヨーロッパの宗教事情をつぶさに観察した黙雷は、政治権力から確固たる独立性を保ち、なおかつ近代ヨーロッパ文明を基盤から支えるキリスト教の存在に強い感銘を受けた。そして、宗教がアニミズム・多神教から一神教へとより高次な段階へ移行するという宗教発展観に基づき、新政府が推し進める国民教化政策＝大教宣布を以下のように批判した。

今本邦ノ神ヲ以テ説ントスルニ、昔事何人カ之ニ労事シ、亦何人カ教ヲ立ツルヤ。（中略）若夫レ天神地祇、水火草木、所謂八百万神ヲ敬セシムトセバ、是欧州児童モ猶賤笑スル所ニシテ、草荒未開、是ヨリ甚シキ者ハアラズ。

それでは児戯に等しい神祇信仰ではなく、真の意味でキリスト教と対等に渡り合い、日本人の精神的中核となり得る宗教は何か。呪術性の強い真言宗では話にならないし、禅宗も学問であって宗教とはいえない。ここに、「真宗ノ外日本ニテ宗旨ラシキ者ハナシ。一神教デナケレバ世界デ物ハ云ヘズ、幸ニ真宗ハ一仏也」という黙雷の持論が登場するわけである。彼の主張の中では、日本における「特殊」な真宗の位置付けが、それゆえ世界に出れば「普遍的」な存在であると巧みに昇華されており、興味深い。近代日本人の精神を支える信仰は真宗以外にはないと自負し、神道国教化政策にたじろぐことのなかった島地黙雷のバックボーンは、日本における「特殊」な真宗から世界における「普遍的」な真宗への読み替えであったといえる(2)。

以上のように島地黙雷は、明治初期の時代状況に規定されながら、真宗の「普遍性」を主張するに至ったわけだが、実は現在の近世真宗史も類似した状況下にあるといえないだろうか。本書序章で述べた通り、近世宗教史研究にとって、辻善之助氏の堕落論的な仏教理解を克服することは長らく最大の課題であった。そこで、堕落論の枠外を語るべく、今度は同じ真宗信仰の近世宗教世界における「特殊性」が強調され始めたわけである。「普遍性」をアピールした島地黙雷と方向性は一八〇度異なるものの、この「特殊性」強調があくまで時代状況に強く規定されたものだとするなら、早急な再検討が必要となる。

上記のような問題意識は本書全般に貫かれているが、まず第二章の考察結果に着目してみたい。同章で取り上げた神棚おろしは、真宗門徒が神頼みの無意味さを自覚して宅内から神棚を廃棄する運動と解釈され、真宗信仰の「特殊性」を象徴する事例と捉えられてきた。しかし筆者は、神棚おろしが神棚の一般家庭への普及と時を同じくして起こる事実を指摘し、仏壇―神棚という宗教的な場をめぐる独占志向に、事件発生の一要因を求めた。つまり、通説的なイメージにとらわれず、複数の宗教要素に配慮することで、神棚おろし事件の新しい捉え方が構築できたわけである。神棚おろしに限らず、こうした立論を敷衍していけば、近世真宗信仰の「特殊性」は、かなりのレベルで相対化できるはずである。例えば、本書第一章の考察を振り返ると、真宗学僧の神道批判は、意外にも国史・神書の丹念な読み込みに裏付けられ展開されていた。文化年間（一八〇四～一八）に活発化した日本古典籍への考証熱は、宗旨の別を問わない全般的なものであり、真宗学僧もまた、こうした風潮下で自らの主張を磨き上げていたことになる。

従来の近世真宗史研究は、ともすればその「特殊性」を浮き彫りにし、対極に日本人全般の習合的な心性を措定しがちだった（そして神仏習合的な宗教文化は、明治期以来の知識人層には日本の「後進性」を示すものと糾弾され、また近年では逆に日本の優秀性の源と称賛され[3]、現在に至るまでいわゆる日本文化論の争点となり続けている）。しかし近世真宗も、当然ながら神祇信仰や仏教他宗との相互影響下で、自己の存在を深化させてきた。近世宗教世界の広い文脈に置き直す時、真宗信仰の占める位置も初めて明確になると、筆者は考えている。

現代の研究者たちが真宗を「特殊」と措定した背景は、おおよそ上記の通りであろう。しかし彼らに先立ち、近世真宗教団自身が「特殊」な教義を積極的にアピールしていったことも、動かしがたい事実である。例えば、本書第三章でみたように、真宗談義本が民間書林によって盛んに出版されていた宝暦年間（一七五一〜六四）には、学僧たちが聖教目録を作成して「偽撰」談義本の排斥作業を行った。その結果、神祇信仰への寛容性を有する談義本は「偽撰」と切り捨てられ、他宗と一線を画する真宗教義の独自性が明確化した。また第四章では、真宗教団内部の異安心事件である三業惑乱を取り上げた。この事件で問題となった三業帰命説は、阿弥陀仏へ祈願請求的な態度を取る「自力」偏向の異安心である。そこで三業惑乱後には、寸分の隙もない「他力」の教えを本来の姿とみなす先鋭的な価値観が定着し、真宗教義はますます他宗と際立つ存在へと化していった。

ところで、近世中期以降の真宗教団のように、ある宗教が自らを「特殊」な存在と措定する行為は、何を意味しているのだろうか。土俗的なアニミズム・多神教から、より「普遍性」の強い一神教へという宗教発展の図式は、キリスト教をその最高段階とみなすヨーロッパ中心主義以外の何ものでもなく、[4]筆者も日本の宗教風土にそもそも「普遍性」が欠如しているなどと主張するつもりはない。しかし、何もキリスト教の普遍的な人類愛を基本モデルにせずとも、ある宗教が自らの「普遍性」を主張するか、むしろ「特殊性」を強調するかに、置かれた時代状況に基づく一定の傾向は見出せる。

例えば、「草木国土悉皆成仏」の言葉に象徴される天台本覚思想は、絶対的な現実肯定の教えとして、研究史上でも大きく取り上げられてきたものである。[5]そして、南都六宗と天台真言両宗が中世宗教世界の正統に位置したとする黒田俊雄氏の顕密体制論でも、この本覚思想は、顕密仏教＝正統勢力を支える中核的な教えと理解されている。[6]中世ヨーロッパのキリスト教会ほどではないにせよ、顕密仏教が融合的に一つの正統宗教を築き上げていた日本中世において、それを下支えする思想もまた、強い「普遍性」を帯びていたといえる。また加地伸行氏によると、(7)儒教は、倫理・道徳のみならず、招魂再生の宗教的な性格によって、中国人の日常生活を強く規定していた。ところが、仏教・道教のような宇宙論・形而上学は持ち合わせなかったため、宋代に朱熹が理気論という宇宙生成の理論を新しく導入し、より「普遍的」な存在となって、中国の社会制度・政治制度全般を支え続けたという（なお、日本の「特殊」な優秀性と万国に通じる「普遍性」を主張の中に併せ持っていた国学者たちが、海外情報の氾濫する幕末期には後者に力点を移行させ、明治期にはついに日本の海外進出を支える「皇国」論理さえ生み出していく事実も付言しておこう）(8)。

以上のように、一時代の社会的価値観を広範に規定した正統宗教は、概して自己の「普遍性」をアピールしていったわけだが、他方で近世真宗が執拗に自らを「特殊」な存在と措定したのはなぜだろうか。この点に注目して、近世的な宗教世界の特質を探ってみる。

黒田氏は、中世宗教史研究を進める上で、「近世における仏教諸宗派の分立公認および教学の整備と、近代における神仏分離と「国家神道」的感覚を、認識の前提にせず評価の規準にもせずに、中世に最も適した範疇で把握する」視角の重要性を指摘している(9)。同氏の問題提起は、近世宗教史研究者である筆者にとっても、十分示唆的である。現代人にとって当たり前の分立する仏教諸宗は、けっして自明の存在ではなく、近世宗教世界に初登場した注目すべき一大特質なのである。

たしかに中世段階の真宗や日蓮宗は、顕密体制下の一異端にすぎず、国家権力にとってもおおよそ公認の存在とはいえなかった。しかし、江戸時代が幕を開けると、寛文五年（一六六五）の諸宗寺院法度における「諸宗法式不可相乱」という文言に象徴されるように、仏教諸宗は正統・異端の別なく幕藩権力によって公認された。高埜利彦『近世日本の国家権力と宗教』が指摘するように[10]、幕藩権力の宗教統制とは、仏教諸宗本山や神道本所などに一定度の権限と自立性を与え、全国横断的に諸宗教者を組織・編成させる点に最大の特徴があった。もちろんこうした体制は、本山・本所の把握から抜け出して活動しようとする宗教者を、すべからく幕藩権力にとって不穏な存在として取り締まる精緻な宗教統制にほかならない。しかし、高埜氏やその問題提起に賛同した研究者たちが、神職・修験・陰陽師など民間宗教者の動向を豊かに描き出していった経緯からわかるように[11]、近世的な本山・本所の分立が多様な宗教勢力に活躍の素地を与えたことも疑いない事実である。ちなみに高埜氏の本山・本所論は、幕藩制国家の宗教統制という側面から評価されることが多いのだが、筆者はむしろ辻善之助氏以来の堕落論的な理解を乗り越え、近世宗教史の新たな可能性を切り開いたものと捉えている。

それはともかく、幕藩権力による複数の本山・本所公認は、近世の諸宗教を大きく規定付ける結果となった。仏教諸宗を例に取ると、それらはかつて顕密仏教がすべてを包摂する「普遍的」な本覚思想を展開したのと対照的に、常に他宗派の存在を意識しながら、なおかつ自己の差異化・卓越化を図る方向へ進んでいった。例えば、本書第三章で指摘したように、近世真宗学僧は神祇信仰に寛容な談義本を、「他流」＝浄土宗諸派の作と措定した上で切り捨てた。その過程で、当然仏教他宗と一線を画する真宗の宗派意識は一気に高揚したわけである。また、本書第四章で取り上げた三業惑乱事件でも、徹底した「自力」の排除が敢行され、他宗を卓越する真宗独自の「他力」信仰が打ち立てられた。もはや通説化されている真宗信仰の「特殊性」であるが、それらのいくつかは、近世的な宗派意識の明確化過程で、教団自身が新たに創出した価値観でもあった。なお、上記のような歴史的文脈で捉え直すなら、過剰なまでに自宗の独自性をアピールする動向は、真宗のみならず近世仏教全般の特徴だったと推測されるが、諸宗の具体相に関しては、今後の研究進展を期待したい。

要するに、筆者が主張したかったのは、ある宗教の「普遍性」や「特殊性」は実態論的に論じ得る素材ではなく、むしろ時代状況に規定された主張の中にのみ見出せるという点なのである。『近世宗教世界における普遍と特殊』という題名から、「普遍的」な近世宗教の正体や「特殊」な真宗信仰の具体相を頭に思い浮かべていた読者諸氏には拍子抜けであろうが、筆者の結論とはそれ以上のものではない。

最後に、本書で展開した諸論点が、今後いかなる可能性を有するものか、若干の展望を加えておきたい。

真宗の近世宗教世界における位置付けを探るべく、諸宗教との連関性に注意を払ったことは、本書の大きな特徴といえる（その典型が、神棚おろしの発生を真宗―神道の両要素から読み解いた第二章である）。「宗派史」研究が、現在確定された「宗派」の姿に規定され、宗祖の立教→その後の発展という型通りの考察に終始しがちなことは、すでに中世宗教史の立場から、的確な指摘がなされている。[12] しかし、近世宗教史をみると、「宗派史」的な閉塞性は、いまだ克服すべき大きな課題として残っている。[13] また、本山・本所論や身分的周縁論という枠組みを得て、近年民間宗教者（神職・修験・陰陽師など）の研究が急速に進展しつつある。しかし、こうした新分野でさえ研究の進展に反比例するように、対象の個別分散化が危惧されている。[14] なるほど上記のような現状は、諸宗教が分立した近世的な宗教世界において、真宗なら真宗、陰陽道なら陰陽道が、それぞれ個別に分析できるという事実を物語るものともいえる。しかし、諸宗教の分立状況が、全体構造把握の不要を意味するわけではあるまい[15]。むしろ、本山・本所論の本来的な課題は、宗教者編成原理の共通性を切り口として、近世宗教を総体的に把握する点にこそ求め得るだろう。本書第五章で、尾藤正英氏の「国民的宗教」論を取り上げ、その部分的な修正を行ったのは、以上のような問題意識に従い、一地域社会における諸宗教の相互連関性を探究したかったからである。もっとも同章の考察は、総体的把握と呼ぶにはあまりに限定された地域の一試論にすぎない。今後の展望をいえば、分析の主題を真宗に固定化することなく、複眼的な視点で近世宗教世界の構造分析を深められればと考えている[16]。

神道のみならず、仏教他宗派と真宗の関係性にも本書では若干触れた（例えば第三章では、「偽撰」談義本が浄土宗諸派の作とみなされ厳しく排斥される事例を挙げた）。かつて顕密仏教への異端運動として登場したはずの真宗が、諸宗分立の近世的な宗教世界において、浄土宗に対抗意識を募らせる事実は興味深い。近世中期に真宗教団は、一向宗・本願寺宗・門徒宗と多様に存在した俗称を否定し、宗旨人別帳への記載を「浄土真宗」に統一しようと図った。ところが、浄土宗六大本山の一つ増上寺は、浄土宗こそ本当の「浄土真宗」であると、現代人にとっては奇妙な自説を展開し、真宗サイドの企てを批判した。いわゆる宗名論争である[17]。上記のような両宗の争論において、浄土宗は法然の弟子親鸞が開宗した真宗を自宗の一分派であるとする強弁まで行い、事態は混迷を極めた。しかし、その詳細を探るのが今回の主目的ではない。筆者が宗名論争を取り上げることで示したかったのは、両宗の類似性こそが事件にさらなる混乱をもたらしていくその構造である。諸宗教が幕藩権力によって対等に公認された近世社会において、正統勢力に対する異端運動は、もはや宗教争論の要因とはなり得ない。それよりも、類似する宗派間の曖昧な境界線こそ、近世仏教にとっては最大の懸念事項であり、差異化のための差異化を目指し、争論は激化したといえる(18)。

以上のような実情を念頭に置くと、ほとんど自己目的化した近世的な宗派意識の確立には、「功」と「罪」の両面からアプローチする必要が出てくる。本書では、辻善之助氏の近世仏教堕落論に抗する立場から、近世宗教世界における自立的な諸宗派の有り様を、「功」の部分に力点を置いて論じてきた。しかし、過剰に細分化した近世仏教の宗派意識は、それのみに集約されるわけではないだろう。例えば、三業惑乱による自宗意識の高揚が、その後の近世真宗に何をもたらしたのか、「功」「罪」の両側面から論じる機会があればと考えている。

註

(1) 以下、島地黙雷の思想については、安丸良夫『神々の明治維新』(岩波書店、一九七九年)および『宗教と国家』(日本近代思想大系五、岩波書店、一九八八年)を参照した。

(2) なお、佐藤孝敏「国学者の「国」意識における「特殊」と「普遍」」(玉懸博之編『日本思想史』、ぺりかん社、一九九七年)は、日本を「特殊」な国と措定し、また万国に「普遍的」な存在と主張する国学者の両評価が、けっして相反するものではなく、むしろ表裏一体の関係にあると指摘している。佐藤氏の上記のような見解に強い示唆を受け、本書でもある宗教の「普遍性」や「特殊性」を実態論的に読み解く手法には努めて禁欲的な態度を貫いた。

(3) 神仏習合を「ハイブリッド文化」と表現し、高く再評価する鎌田東二『神道とは何か』(PHP研究所、二〇〇〇年）は、その代表格である。
（4）この点については、スタンレー・J・タンバイア『呪術・科学・宗教――人類学における「普遍」と「相対」――』（多和田裕司訳、思文閣出版、一九九六年）に詳しい。
（5）本覚思想については、田村芳朗『鎌倉新仏教思想の研究』（平楽寺書店、一九六五年）、『天台本覚論』（日本思想大系九、岩波書店、一九六五年）などを参照した。
（6）黒田俊雄『日本中世の国家と宗教』（岩波書店、一九七五年）。
（7）加地伸行『儒教とは何か』（中央公論社、一九九〇年）。
（8）佐藤註（2）前掲論文。
（9）黒田註（6）前掲書、四一四頁。
（10）高埜利彦『近世日本の国家権力と宗教』（東京大学出版会、一九八九年）。
（11）高埜利彦編『シリーズ近世の身分的周縁』一（吉川弘文館、二〇〇〇年）。
（12）平雅行「中世宗教史研究の課題」（同『日本中世の社会と仏教』、塙書房、一九九二年）。
（13）こうした中でも、尾藤正英「日本における国民的宗教の成立」（同『江戸時代とはなにか』、岩波書店、一九九二年）は、近世宗教世界の全体構造把握を目指した貴重な成果である。また、大桑斉「近世民衆仏教の形成」（『日本の近世』一、中央公論新社、一九九一年）も、東アジア世界における日本の近世思想の位置付けを探った意欲作であり、「宗派史」的閉塞性の脱却を図る上で、きわめて示唆的である。
（14）澤博勝「近世宗教史研究の現状と課題」（同『近世の宗教組織と地域社会』、吉川弘文館、一九九九年）。
（15）林淳『近世陰陽道の研究』（吉川弘文館、二〇〇五年）は、近世の諸宗教を「タテ割り」ではなく、「ヨコの関係」から比較考察する必要性に鋭く言及しており、学ぶべき点が多い。
（16）こうした問題意識に基づき、引野亨輔「近世中後期における地域神職編成」（『史学雑誌』一一一―一一、二〇〇二年）では地域神職の近世的な存在形態を、同「近世後期の地域社会における藩主信仰と民衆意識」（『歴史学研究』八二〇、二〇〇六年）では藩主信仰の近世的な意義を、同「講釈師」（横田冬彦編『身分的周縁と近世社会』五、吉川弘文館、二〇〇七年）では神道講釈師の庶民教化を、それぞれ分析した。併せて参照されたい。

（17）宗名論争については、『本願寺史』二（浄土宗本願寺派宗務所、一九六一年）二四九〜二七八頁を参照した。

（18）なお、高埜利彦「近世陰陽道の編成と組織」（同註（10）前掲書）は、本所土御門家の編成によって、曖昧さを帯びていた陰陽師と神職・修験の境界線が初めて明確化されたことを指摘している。もちろん仏教諸宗の場合、宗派間の境界線はすでに格段に明確化していたと考えられるが、本山・本所の編成に伴う諸宗教の区分化が、近世宗教世界を構造把握する上で重要な切り口となることは間違いない。

あとがき

本書は、二〇〇二年三月に広島大学に提出した学位請求論文「近世宗教世界における普遍と特殊――『真宗地帯』安芸を中心に――」の一部を土台として作成したものである（ただし、その後の研究状況を加味して序章・終章は大幅に改稿し、紙幅の都合により幾つかの所収論文は削除した）。論文審査にあたって貴重なご意見を賜った、主査頼祺一先生・岸田裕之先生・西別府元日先生・勝部眞人先生・桂紹隆先生には、長らく出版の努力をしてこなかった怠惰をおわびするとともに、改めてお礼を申し上げたい。

さて、学位論文提出後の僕の仕事を振り返ると、江戸時代に殿様が神として祀られる意義を問うた「近世後期の地域社会における藩主信仰と民衆意識」（『歴史学研究』八二〇、二〇〇六年）や、巧みな話術で全国遊歴する神道講釈師玉田永教を追った「講釈師」（横田冬彦編『身分的周縁と近世社会』五、吉川弘文館、二〇〇七年）など、「節操」なく興味関心を分散させる自身の足跡に少々恥ずかしさも感じる。しかし、僕にとっての近世真宗史研究とは、あくまで近世社会の本質に迫るための「方法としての真宗史」であったから、「節操」のなさもある意味で健全さの証拠だろうと独り合点している。そもそも真宗＝特殊論を批判してきた僕が、結局真宗信仰のみ主題として本書を構成することには、若干のとまどいもあった。ただ、たとえ真宗を主題に選んでも、多様な近世宗教世界の中にその位置付けを探る作業は十分可能かと考え、出版に踏み切った。はたして僕の試みが成功したかどうかは、読者諸氏の判断を俟ちたい。

ところで、法藏館から本書を出版するにあたり、大桑斉氏と児玉識氏に仲介の労を取っていただいた。両氏をはじめとして、仏教史学会や日本宗教史懇話会サマーセミナーで面識を得た宗教史研究者諸氏には、感謝の念を禁じ得ない。家の宗旨さえよく知らないまま真宗史研究に足を踏み入れた僕が、辛うじてこの世界に留まり続けているのは、常に真摯な態度で教導・批正してくださった諸氏のおかげであると痛感している。また、ちょうど大学院へ進学した頃、澤博勝氏の勧めで参加し始めた「近世の宗教と社会」研究会も、僕にとって大きな意味を持つものだった。当時の広島大学文学部国史学研究室において、宗教史はあまり一般的なテーマではなかったが、同研究会に参加することで、何とか最新の研究動向に付いて行くことができた。お世辞にも社交的とはいえない僕を、様々な先輩・友人たちが魅力的な学問の場に連れ出してくれた。本書は、間違いなくそうした厚情の上に成り立っている。

最後に、けっして多くの学問方法は授けてくださらなかったけれども「人生の師」として道を示してくださった指導教官頼祺一先生に、そして研究者という何だかよくわからない道に進んだ僕を温かく見守り続けてくれた父洋一・母由美子に、最大級の謝辞を述べたい。

引野　亨輔

初出一覧

序　章　辻善之助・近世仏教堕落論とその後の真宗史研究
　新稿
第一章　近世真宗における神道批判の論理
『史学研究』二二六号（一九九九年十月）
第二章　近世真宗における神祇不拝の実態
『地方史研究』二九一号（二〇〇一年六月）
第三章　真宗談義本の出版と近世的宗派意識
『日本歴史』六三五号（二〇〇一年四月）
　※ただし、「真宗談義本の近世的展開」を改題。
第四章　異安心事件と近世的宗派意識
『史学研究』二二一号（一九九八年七月）
　※ただし、「三業惑乱――異安心にみる近世仏教の一特質――」を改題。
第五章　近世真宗門徒の日常と神祇信仰
『民衆史研究』六五号（二〇〇三年五月）
終　章　近世真宗の普遍性と特殊性
　新稿

日本仏教史研究叢書刊行にあたって

仏教は、普遍的真理を掲げてアジア大陸を横断し、東端の日本という列島にたどり着き、個別・特殊と遭遇して日本仏教として展開した。人びとはこの教えを受容し、変容を加え、新たに形成し展開して、ついには土着せしめた。この教えによって生死した列島の人々の歴史がある。それは文化・思想、さらに国家・政治・経済・社会に至るまで、歴史の全過程に深く関与した。その解明が日本仏教史研究であり、日本史研究の根幹をなす。

二十世紀末の世界史的変動は、一つの時代の終わりと、新たな時代の始まりを告げるものである。歴史学もまた新たな歴史像を構築しなければならない。終わろうとしている時代は、宗教からの人間の自立に拠点をおいていた。次の時代は、再び宗教が問題化される。そこから新しい日本仏教史研究が要請される。

新進気鋭の研究者が次々に生まれている。その斬新な視座からの新しい研究を世に問い、学界の新たな推進力となることを念願する。

二〇〇三年八月

日本仏教史研究叢書編集委員

赤松徹真　大桑　斉
児玉　識　平　雅行
竹貫元勝　中井真孝

引野　亨輔（ひきの　きょうすけ）
1974年兵庫県に生まれる。1997年広島大学文学部卒業、2002年広島大学大学院文学研究科博士課程後期修了。現在、福山大学人間文化学部専任講師。
主な論文に「近世日本の書物知と仏教諸宗」（『史学研究』244号、2004年）、「近世後期の地域社会における藩主信仰と民衆意識」（『歴史学研究』820号、2006年）等がある。

日本仏教史研究叢書
近世宗教世界における普遍と特殊
——真宗信仰を素材として——

二〇〇七年一〇月二〇日　初版第一刷発行

著　者　引野亨輔
発行者　西村七兵衛
発行所　株式会社　法藏館
京都市下京区正面通烏丸東入
郵便番号　六〇〇-八一五三
電話　〇七五-三四三-〇〇三〇（編集）
〇七五-三四三-五六五六（営業）

装幀者　山崎　登
印刷・製本　亜細亜印刷株式会社

ISBN 978-4-8318-6037-8 C1321

日本仏教史研究叢書

【既刊】

京都の寺社と豊臣政権　伊藤真昭著　二八〇〇円

思想史としての「精神主義」　福島栄寿著　二八〇〇円

糞掃衣の研究　その歴史と聖性　松村薫子著　二八〇〇円

『遊心安楽道』と日本仏教　愛宕邦康著　二八〇〇円

日本の古代社会と僧尼　堅田　理著　二八〇〇円

日本中世の宗教的世界観　江上琢成著　二八〇〇円

【以下続刊】…書名・定価は変更されることがあります。

日本中世の地域社会と一揆　公と宗教の中世共同体　川端泰幸著　予二八〇〇円

中世びとの生活感覚と信仰世界　大喜直彦著　予二八〇〇円

近世民衆仏教論　平野寿則著　予二八〇〇円

中世園城寺とその門跡　酒井彰子著　予二八〇〇円

価格税別

法　藏　館